ANDERS WILHELMSON
/
FRANCIS KERE
/
ARTHUR POTTS DAWSON
/
JENOVA CHEN
/
KATIE SALEN
/
YAW ANOKWA
/
HOD LIPSON
/
SETH COOPER
/
SKYLAR TIBBITS

세상을 바꾸는 씨드

놀며, 즐기며 세상을 변화시킨 천재들의 프로젝트!

슈테판 쉬르, 팀 투리악 지음 | 최형욱 감수 | 유영미 옮김

프롬북스
frombooks

Innovation Stuntmen:

Menschen, die unsere Welt neu erfinden by Stefan Scheer, Tim Turiak Copyright © 2013 Campus Verlag GmbH

All rights reserved. No part of this book may be used or reproduced in any manner whatever without written permission except in the case of brief quotations embodied in critical articles or reviews.

Korean Translation Copyright © 2014 by FromBooks
Korean edition is published by arrangement with Campus Verlag GmbH,
Frankfurt am Main through BC Agency, Seoul

이 책의 한국어판 저작권은 BC에이전시를 통한 저작권사와의 독점 계약으로 '프롬북스'에 있습니다.
저작권법에 의해 보호를 받는 저작물이므로 무단 전재와 복제를 금합니다.

세상을 바꾸는 씨드

1판 1쇄 인쇄 2014년 06월 02일
1판 1쇄 발행 2014년 06월 09일

지은이 슈테판 쉬르, 팀 투리악
펴낸이 김병은
펴낸곳 프롬북스

기획편집 서진 노지혜
표지 이기연
본문 정현옥
마케팅 조윤규

등록번호 제313-2007-000021호
등록일자 2007.2.1.
주소 경기도 고양시 일산동구 장항동 정발산로 24 웨스턴돔타워 T1-706호
문의 031-931-5990~3
팩스 031-931-5992
전자우편 edit@frombooks.co.kr

ISBN 978-89-93734-36-2 13320
정가 16,800원

이 책은 저작권법에 따라 보호를 받는 저작물이므로 무단전재와 복제를 금지하며,
이 책 내용의 전부 또는 일부를 사용하려면 반드시 저작권자와 프롬북스의
서면 동의를 받아야 합니다.

* 잘못되거나 파손된 책은 구입하신 서점에서 교환해 드립니다.

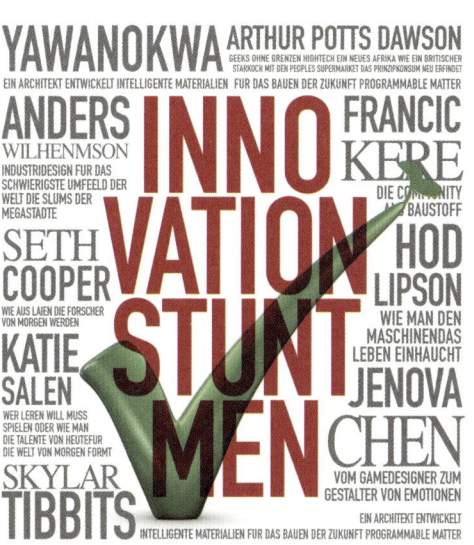

세상을바꾸는씨드
Contents

들어가는 말 • 008
이노베이션 스턴트맨, 새로운 영웅들 • 010
감수자의 말 • 012

PART 1
기업 가치와 인류애가 공존하는 공동체

작은 비닐봉지 하나가 전 세계 슬럼가에 혁명을 일으키다 ……… 017
뭄바이 슬럼가에서 만난 그녀 / 누구도 풀지 못했던 역사적 골칫거리 / 피푸(Peepoo)의 탄생 / 주변 환경이 사업 모델을 제시하다 / 세계와 사회가 원하는 차별화된 사고를 원한다

새로운 건축 문화에 세계가 놀라다 ……… 039
마을 추장의 아들에서 스타 건축가로 / 아프리카에 생긴 오페라 마을 / 현지의 재료로 건축하기 / 공동 성장의 새로운 모델

발상의 전환으로 시작된 사회적 기업에서 배우다 ……… 065
커뮤니티. 21세기의 기업 / 스타 요리사, 아웃사이더 기업가로 / 가장 기본적이고 중요한 것부터 / 주민에 의한, 주민을 위한, 주민의 슈퍼마켓 / 공동체를 창조하는 기업가

PART 2
인간을 더 이롭게, 세상을 더 풍족하게

인간 감성을 담은 게임으로 삶에 다채로움을 선사하다 ·········· 089
감성 시장 / 감성 공장의 신제품 / 감정의 세계를 끌어안은 세 개의 게임 / 인간에 대한 질문으로 만든 게임 / 변화하는 시대 삶의 일부분이 된 게임

놀이터로 바뀐 배움의 공간 – 미래 학습법을 제시하다 ·········· 117
21세기를 위한 능력 / 쓸데없는 시간에서 유용한 시간으로 / 게임으로 새롭게 창조되는 현실/ 실수의 가치 & 팀의 중요성 / 게임은 더 이상 피난처가 아니다

아프리카에 만들어진 가상공간이 세계 발전을 도모하다 ·········· 141
미래의 운영체제 / 경계를 허물어버린 기크들 / 아프리카의 정보망 / 제3세계를 위한 오픈 소스 / 테스트 지역, 우간다 / 아프리카는 지금, 접속 중 / 글로벌 발전을 위한 연료

PART 3
개인의 욕구에서 인류 문명의 초석으로

로봇에게 자아(self)가 심어지다 ·········· 161
생명의 엔지니어 / 기계의 진화 – 생각하는 로봇, 자기만의 형상을 만든다 / 새로운 형태의 기계 탄생, 엔지니어라는 직업에 새로운 비전을 제시하다

인간과 로봇, 질병치료제를 함께 만들다 ·········· 185
시티즌 사이언스로 시작된 게임 혁명 /전자두뇌의 탄생, 폴드잇 / 폴드잇의 성공 요인은 '커뮤니티의 힘' / 크라우드 소싱의 엄청난 파워 / 전자두뇌의 미래

세상에 없던 새로운 물질로 생명을 탄생시키다 ·········· 207
암호의 건축가/ 새로운 세계를 위한 새로운 재료 / 공동작업의 성공 '셀프 어셈블리 라인' / 계획의 종말, 커다란 구조에서 작은 단위로

들어가는 말

이 책을 통해 소개하는 사람들은 사회 시스템을 창조하는 사람들이다. 이들은 과거부터 현재까지 이어 내려온 방식을 분석해 새로운 형태의 미래를 창조하고, 새로운 기술을 활용해 세계를 180도 바꾸어 놓았다. 또한 사회 안에서 우리가 어떻게 연결되어 있는지, 세계 속에서 어떤 영향을 미치고 살아가는지 새로운 시각으로 볼 수 있게 해주었다.

이런 이노베이션은 새로운 것을 고안하는데 그치지 않고 역동성 있는 사회시스템으로 발전하고 있다. 그것은 새로운 차원의 세상, 새로운 대안들이 가능하도록 만들고 있다. 결국 단순한 상품이나 기술이 주는 유익을 훌쩍 뛰어넘는 차원이라고 볼 수 있는 것들이다.

이 책은 변화를 결정한 사람들, 새로운 것을 시험하기 위해 위험을 감수하는 사람들인 이노베이션 스턴트맨들의 이야기다.

알렉산더 오스터발더

이노베이션 스턴트맨
새로운 영웅들

이 책에는 매우 모험적인 이노베이션 스턴트맨들의 이야기가 담겨 있다.

새로운 일을 감행하는 이노베이션 스턴트맨은 익숙한 일상뿐만 아니라, 재산이나 명성까지 잃을 것을 감수하고 위험한 상황에 뛰어든다. 그들은 미지의 영역에서 번번이 실패를 맛보며 또다시 뛰어든다. 그리고 상처투성이가 되어 우렁찬 박수 소리와 함께 무대에 오른다. 오늘날 영웅들이 그렇게 탄생하듯 말이다.

이 책에 소개된 아홉 명의 영웅들은 지금껏 모호하게 인식됐던 이노베이션 개념을 점검하게 해주었다. 어떤 아이디어가 새로운 혁신을 가져왔는지, 어떤 것이 편의성만 제공하는데 그치는지 알려 준다.

이노베이션 영역은 권력이 새롭게 분배되는 영역이기 때문에 현 상태에 만족하는 사람들에게는 위험한 영역이다. 하지만 이노베이션은 사람들의 재능을 끌어내고, 기존의 상황을 새롭게 변화시킨다. 이노베이션은 기술적인 발전 그 이상이다.

이 책은 건축, 디자인, 예술, 로봇학, 교육 분야에서 활동하는 이노베이션 스턴트맨 아홉 사람을 소개할 것이다. 이런 특별한 사람들의 작업을 살펴보는 것은 가까운 미래로의 여행일 뿐만 아니라, 우리 안에 숨어있는 재능을 발견하고 탐구할 수 있는 여행이라 하겠다. 이들과 함께 즐거운 여행이 되길 바란다.

감수자의 말

아홉 명, 야구팀의 최소 인원, 보병부대의 최소 단위 분대에서 한 명이 모자란 숫자.

스턴트맨은 위험을 기꺼이 감수하는 사람들이다.

숫자만 놓고 보면 세상을 바꾸는 일에 몇몇 소수의 사람으론 턱없이 부족해 보인다. 하지만 이들이 이노베이션 스턴트맨이라면 이야기는 달라진다. 완전히 다른 관점과 다른 방법으로 새로운 가치를 만드는 것이 혁신이기에 그들의 힘은 세계 곳곳으로 퍼져나간다.

이 책은 각자의 영역에서 위험을 무릅쓰고 가치의 싹을 틔운 이노베이션 스턴트맨 아홉 명의 이야기다. 이들은 새로운 형태의 미래를 창조하고, 새로운 기술을 활용해 세상을 180도 바꾸고 있다. 우리는 그 안에서 완전히 다른 시각으로 세상을 바라볼 수 있게 되었다.

이들은 단순히 새로운 것만을 창조하는데 목적을 두지 않았다. 오히려 지속 가능한 사회 시스템을 만들어 인류 전체가 더 행복한 삶을 살 수 있도록 기여하는데 의미의 본질을 두었다. 단순한 제품이나 기술이 주는 유익을 뛰어넘어 이상의 가치가 자라날 수 있는 환경을 만들고 있다. 이노베이션은 기존의 기득권을 가진 이에게 불편을 안긴다. 그럼에도 불구하고 살아 움직이는 시회에 혁신은 필수다. 그 선두에서 이노베이션 스턴트맨들의 노력은 기존의 문제들을 해결하고 새롭게 변화시키고 있다.

건축, 디자인, 예술, 로봇공학, 교육, 공동체, 게이미피케이션 영역을 넘나드는 아홉 명의 이노베이션 스턴트맨들과 함께 우리 안에 숨어 있는 재능을 발견하고 탐구하는 여행을 떠나보자. 새로운 가치를 실현하기 위해 위험을 감수하는 열 번째 이노베이션 스턴트맨은 바로 당신이다.

최형욱

ANDERS WILHELMSON
FRANCIS KERE
ARTHUR POTTS DAWSON

PART
1

기업 가치와 인류애가 공존하는 공동체

작은 비닐봉지 하나가 전 세계 슬럼가에 혁명을 일으키다

새로운 건축 문화에 세계가 놀라다

발상의 전환으로 시작된 사회적 기업에서 배우다

ANDERS WILHELMSON

안데르
빌헬손

작은 비닐봉지 하나가 전 세계 슬럼가에 혁명을 일으키다

안데르 빌헬손 ANDERS WILHELMSON

사회구조의 건축가

우리가 사는 도시는 풀어야 할 문제들이 넘쳐난다. 대도심부터 낙후된 도시 변두리까지 이해관계로 얽혀 살기 때문이다.

이럴 때 사람들은 저마다 해결 방법을 들고 나와 최선의 해결이라 규정하며 문제를 해결하려 한다. 하지만 자신이 가진 전문성과 경험이 때로는 고정관념이 되어 문제의 본질을 보지 못하게 만드는 실수를 가져오곤 한다. 안타까운 것은 그나마 제시된 해결 방안들이 사회의 사각지대까지 미치지 못하는 일이 다반사라는 것이다.

예를 들어 우리나라 어느 대기업은 아프리카 몇몇 지역에 학교 건립을 추진하는 사회 활동을 대대적으로 시작했다. 이 학교 하나를 짓는 데 보통 몇 십억의 비용을 투자한다고 한다.

그런데 해당 지역의 아이들은 정작 학교에 다니지 않고 있다. 학교까지의 거리도 멀거니와 집에서 생존을 위해 해야 할 일들이 많아 학교는 남의 이야기라는 것이다.

아이러니하게도 TEDxKhartoum의 오거나이저 안와르(Anwar)는 한국에 들를 때마다 20만 원 정도면 구입할 수 있는 피코프로젝터를 몇 대씩 사 가지고 돌아간다. 국내에서는 인기 없는 제품이지만 학교에 갈 수 없는 아프리카 아이들에게는 그 활용 가치가 매우 높기 때문이다. 구식 노트북 한 대와 피코프로젝터 한 대면 아이들에게 넓은 미지의 세상을 보여줄 뿐 아니라 짬짬이 공부할 환경까지 만들어줄 수 있다.

안데르 빌헬손 ANDERS WILHELMSON

학교 건축에 투자하는 비용의 1/10000이지만 필요를 해결하기에 충분한 비용이다. 이 일화는 방대한 비전 추구보다 효율적인 해결 방안을 먼저 고민해야 함을 깨닫게 한다.

재밌는 것은 해당 기업 임직원들이 재능 기부를 통해 만든 햇빛영화관은 매우 신선한 도전으로 비춰졌다는 점이다. 전기나 장비가 여의치 않은 에티오피아 아이들에게 햇빛으로 작동되는 간이 프로젝터는 생애 처음 영화를 볼 수 있는 기회를 만들어주었다. 이 경험을 통해 지역 아이들은 영화관의 운영자로, 사업가로, 영화제작자로 꿈을 키울 수 있게 되었다.

앞으로 소개할 안데르 빌헬손 역시 사회문제를 지역 구조에 근거하여 해결하고 나선 건축가다. 그는 지역에 야기된 실제 문제에 집중하기 위해 모든 고정관념을 뛰어 넘었다. 뛰어난 정치가와 구호단체조차 손대지 못한 문제를 해결하고 나선 것이다.

그는 뭄바이나 멕시코의 소외 지역으로 직접 들어가 누구도 생각하지 못했던 방법으로 수많은 사람들의 필요를 충족시켰다. 그 해답은 놀랍게도 그저 작은 비닐봉지 하나에 있었다.

어떻게 작은 비닐봉지가 빈민 구역에 만연해 있던 뿌리 깊은 문제를 해결했는지 지금부터 살펴보기로 하자.

중요한 것은 이 작은 비닐봉지 안에 깃든 인류에 대한 고민과 폭 넓은 포부가 이 모든 일을 가능하게 했다는 사실이다.

뭄바이 슬럼가에서 만난 그녀

인구 천만이 넘는 대도시 뭄바이 한가운데에는 '다라비'라는 구역이 있다. 이곳에는 꼬불꼬불한 좁은 골목과 함석지붕 집들이 빼곡하게 들어서 있다. 가죽을 가공하고 천을 염색하며 장신구를 만드는 곳으로 많은 사람들에게 이곳은 생업의 현장이다.

최근 수백만 명이 일자리와 주거 공간을 찾아 뭄바이로 이주해 왔다. 높은 주거비용을 마련하지 못한 사람들이 하나둘 모이며 슬럼가가 생겨났고, 주변에서 쉽게 구할 수 있는 재료로 직접 집을 지어 거주하기 시작했다.

대부분의 슬럼가는 식민 지배, 경제적 고립, 정치적 무정부 상태에 있는 국가들에서 생겨났다. 그런 슬럼가의 가장 큰 문제는 땅이다. 빌헬손은 이렇게 설명한다.

"시골 땅의 구조 변화가 사람들을 도시로 내몹니다. 도시가 사람들을 끌어당기는 것이 아니라 사람들이 도시로 밀려나는 거죠. 도시가 그들이 살아도 되는 유일한 곳이기 때문입니다."

빌헬손은 5년간 뭄바이를 비롯해 남반구 국가들의 이런 비공식

주거지를 연구했다. 어느 날, 건축학 교수인 빌헬손은 학생들을 데리고 뭄바이의 좁은 골목들을 누비다 아무렇게나 지은 함석지붕 집 앞을 지나게 되었다. 걱정스런 눈으로 응시하던 그에게 한 여성이 말했다.

"적어도 우리는 노숙을 하고 있지는 않아요. 그러니 지금 우리에게 건축을 해줄 사람은 필요 없답니다. 다만 우리가 감당할 수 없는 큰 문제가 하나 있긴 하죠. 바로 더 이상 나빠질 수 없는 공중위생이에요."

그랬다. 뭄바이의 빈민촌은 공공 화장실 하나를 500명이 함께 쓰고 있었다. 그나마도 참을 수 없을 정도로 더러울 때가 많았다. 특히 여성들에게는 곤혹스러운 상황이 아닐 수 없었다. 물을 적게 마시고 더 이상 참을 수 없을 때까지 용변을 참다 보니 신장결석 같은 질병에 노출되거나 변비에 걸리기 십상이었다. 심지어 어두운 저녁, 집 근처 외딴 곳에서 용변을 보다 성폭력과 성희롱의 위험에 고스란히 노출되는 상황이었다. 이 같은 위생 불량 상태는 그곳 주민들에게 커다란 고통을 안겨주고 있었다. 더위와 쓰레기, 각종 배설물은 유해균과 박테리아 번식에 이상적인 환경이었다. 물도 구하기 힘든데 그나마 있는 물마저도 오염된 경우가 많았다. 이런 열악한 위생 환경은 믿을 수 없을 만큼 빠른 속도로 질병을 퍼뜨렸고 장티푸스와 설사는 너무나 흔한 질병이 되어버렸다. 게다가 의사까지 부족한 상황이라 질병으로 인한 사망률이 매년 치솟고 있었다.

개발도상국에서는 질병의 80퍼센트와 사망 원인의 25퍼센트가 인간의 배설물에 오염된 물에서 기인한다.

대도시 슬럼가의 위생 상태는 상상을 초월한다. 위생 시설의 부족으로 각종 질병과 전염병이 창궐한다.

누구도 풀지 못했던 역사적 골칫거리

빌헬손은 대학 시절 이방인 취급을 받곤 했다. 건축에 대한 일반적인 고정관념을 뛰어넘는 사람이었기 때문이다. 그는 독일에 잠시 머물 때 건축가의 또 다른 의미에 대해 생각하게 된다. 단순히 '집을 짓는 사람'이 아닌, 다른 의미의 건축가를 꿈꾸게 된 것이다.

비닐봉지 하나가 슬럼가의
위생 상태를 바꿔 나가고
있다. 소사업가들이
판매를 담당하는 동시에
배설물 다루는 법을
자세히 설명하고 있다.

친환경 일회용 변기 제조 회사인 '피푸플'은 여러 곳에서 수집소를 운영한다. 한 번 사용한 비닐봉지들은 이곳을 통해 회수된다.

'피푸'는 기발한 아이디어. 이 봉지에 배설물을 담으면 박테리아와 병균이 제거되며, 땅에 묻으면 매우 유용한 거름으로 변신한다.

그는 당시를 이렇게 회고했다.

"나는 70년대에 건축학 전공으로 대학을 졸업 한 후 미술계에서 활동하기 시작했어요. 당시 미국 추상미술이 소련 미술과 경쟁하고 있었어요. 하지만 독일에서는 미술이 정치색을 띠며 뒤셀도르프의 요셉 보이즈를 중심으로 특별한 부류를 형성하고 있었습니다. 독일에서 뭔가 치열하게 일을 진행하려면 뒤셀도르프로 가라는 말이 있을 정도였죠. 그리고 나는 그곳에서 깨달았어요. 건축은 건물을 짓는 것만이 아닌, 하나의 정치라는 걸 말이죠."

여러 건축 사무소에서 경험을 쌓은 후 그가 자신의 건축사무실을 열었을 때 의뢰 받은 많은 프로젝트들은 그에게 어려운 문제의 해결사, 도전의 전문가라는 명성을 안겨주었다.

키루나라는 도시 건축도 그중 하나였다. 키루나는 스웨덴 최북단 북극권 안의 도시로 1900년경 철광석 광산을 중심으로 형성된 지역이다. 하지만 시간이 지남에 따라 그곳은 주민들에게 재앙이 되고 말았다. 계속되는 철광석 채굴로 지반이 내려앉아 주민들을 위협하고 있었다. 키루나 주민들은 철광석 채굴을 포기할 것이냐 다른 곳으로 이주할 것이냐를 놓고 중대한 선택의 기로에 놓이게 되었다. 하지만 철광석 채굴을 포기하는 것은 키루나의 존재 자체를 부정하는 일이었기 때문에 그곳 사람들은 도시를 이전하기로 했다. 바로 그 일이 빌헬손에게 맡겨졌다.

빌헬손은 키루나에서 북서쪽으로 5킬로미터 떨어진 곳에 새로운 키루나를 만들기로 했다. 도시의 윤곽을 잡는 일에서부터 인프라 형성, 이주 과정 전체를 진두지휘했다. 키루나 중심부의 오래된 목조 주택들과 시청 같은 커다란 건물들은 가능하면 원형 그대로 보존할 생각이었다. 빌헬손은 이 일의 성패가 정체성을 얼마나 제대로 구현해 내느냐에 달려 있음을 알고 있었다. 물론 결과는 성공적이었다.

이후 그는 건축 분야의 틈새 테마를 연구하기 시작했는데, 그 과정에서 법적 근거 없이 우후죽순 생겨나는 무허가 판자촌들에 관심을 갖게 되었다. 이에 대한 연구 성과로 그는 교수가 되었고 경계 없는 건축학 강의를 개설하기도 했다. 그는 학생들에게 여행을 자주 권했는데, 실제로 학생들과 함께 한 여행에서 뭄바이의 슬럼가를 방문하게 된 것이다.

역사 속 문제가 현재의 슬럼가로

건축은 시대에 따라 적용 방법에 여러 변화를 겪었지만 수천 년 전부터 우리 곁에 존재했다. 그중 화장실은 기원전 3000년경 수메르인의 집까지 그 역사가 거슬러 올라간다. 그들은 관을 통해 배설물을 하수구로 흘려보냈고 하수도는 대양과 연결되어 있었다. 그 후 기원전 60년경 로마는 클로아카 맥시마(Cloaca Maxima)라는 대하수도를 통해 세계에서 가장 발전된 하수처리시스템을 선보였다. 클로아카 맥시마는 지하를 거쳐 티베르 강, 그리고 대양까지 이어져 로마의 하수를 흘려보냈다. 하지만 위생과 건강에 대한 인식이 중세까지 이어지지는 않았다. 그 결과 전염병이 도시를 휩쓸었다. 수 세기가 흐른 지금 안타깝게도 당시의 모습은 슬럼가에서 그대로 재현되고 있다.

빌헬손이 방문한 슬럼가의 유일한 하수 시설은 길 중앙의 배수로였다. 사람들은 요강에 용변을 봤고 거리의 배수로에 그대로 쏟아 버렸다. 그렇게 오염된 물은 식수와 생활용수에 섞여 들어갔다. 콜레라, 이질, 장티푸스, 페스트 같은 전염병이 돌 수밖에 없는 환경이었다. 1347년에서 1532년 사이 페스트로 유럽 인구 1/3이 희생당한 후 현대적인 하수 처리 시스템이 만들어졌지만, 인구가 빠르게 불어나는 슬럼 지역에는 시도조차 되지 않았다.

시설을 만드는 데 필요한 엄청난 비용을 투자할 곳도 없을 뿐더러 설령 비용이 있더라도 그 돈은 뭄바이 부유층 거주 지역의 보수 비용으로 들어갔을 것이다. 슬럼가에서 발생하는 모든 문제들은 빌헬손에게 만만치 않은 도전이었다. 하지만 그는 학생들에게 내기를 걸었다. 이 문제의 해답을 누가 먼저 찾을 것인가에 대한 내기였다. 그는 자신이 학생들보다 먼저 해결책을 찾겠노라 호언장담하며 본격적으로 팔을 걷어붙였다.

안데르 빌헬손 ANDERS WILHELMSON

인간과 물건
그리고
환경 사이의
균형이 중요하다.

피푸(Peepoo)의 탄생

뭄바이 프로젝트는 새로웠지만 엄청나게 까다로운 것이기도 했다. 슬럼의 위생 문제를 해결하는 방법은 유연하고 단순하며 대규모로 투입될 수 있는 것이라야 했다. 비용면에서도 부담이 없어야 했다. 그는 책상에 앉아서는 문제가 해결되지 않는다는 것을 잘 알고 있었다. 그는 건축가에게 기본이 되는 도구 상자도 치워버렸다. 오직 자신의 재능에만 집중했다. 보잘것없는 건축가를 위대한 '바우 마스터(건축 장인)'로 만들어줄 그런 재능 말이다.

드디어 그는 변화의 열쇠를 손에 쥔다. 그리고 그 해답에 피푸(Peepoo)라는 이름을 붙였다. 피푸는 무게가 10그램도 채 되지 않는 길쭉한 봉투다. 봉투 안에는 넓적한 봉지 하나가 더 들어 있는데, 이것은 깔때기처럼 사용할 수 있는 봉지로 사용자가 배설물을 직접 접촉하지 않게 한다. 봉지의 아래쪽에는 요소 분말이 담긴 작은 주머니가 들어 있다. 요소는 위생 수단으로 2~4주 안에 배설물 속 모든 병균을 제거한다. 피푸에서 가장 중요한 것은 봉지가 배설물과 함께 스스로 분해된다는 사실이다. 피푸의 재료는 에코바이오(Ecovio)라는 바이오 플라스틱 재질로 땅에 묻으면 배설물과 함께 자연스럽게 분해되어 땅에 이로운 거름이 된다. 그 과정에서 암모니아가 방출되지만 무해한 요소로 전혀 신경 쓸 필요가 없다. 피푸는 척박한 땅에 단비 같은 존재로 그렇게 등장했다.

테스트 단계에서 대량 생산까지

그러나 피푸의 탄생 과정이 밝기만 했던 것은 아니다. 대답할 수 없는 수많은 질문이 있었다. 예를 들어, 서로 다른 문화에서 실용 가능성에 대한 문제였다. 모슬렘들은 일회용 변기를 받아들일 수 있을까? 힌두교도들은? 기독교도들은? 이 모든 질문에 대한 답이 필요했다.

"일회용 변기는 많은 나라들이 수용할 수 있는 것이라야 했어요. 용변을 보는 방식, 살아가는 방식이 각기 다른 사람들이 큰 무리 없이 받아들일 수 있는 것 말이에요. 그래서 우리는 이 봉지를 세계 각지에서 테스트했어요. 방글라데시의 모슬렘들은 소말리아의 유목민들과 마찬가지로 피푸를 자연스럽게 받아들였습니다."

슬럼가 주민들에 대한 시험 사용에서 그들은 배설물 봉투를 일반적인 쓰레기와 마찬가지로 거리낌 없이 대하는 것으로 나타났다. 방글라데시 같은 모슬렘 국가는 배설물에 대한 언급 자체를 금기시하는데 그 점을 생각한다면 놀라운 일이 아닐 수 없다.

피푸가 지급된 최초의 기관은 케냐 나이로비의 슬럼 지역인 키베라의 가트베케라에 소재한 베델 학교다. 이 학교는 교사들과 학생들이 함께 이용하는 화장실이 두 개뿐이라 화장실을 깨끗이 사용한다는 것 자체가 불가능했다. 하지만 피푸를 사용하자 200여 명의 학생 중 설사를 하는 비율이 현저히 감소했다. 뿐만 아니라 교사들과 학생들은 피푸를 거름으로 활용해 채소를 키웠다. 이렇게 재배한 배추와 시금치는 점심시간에 사용되고 있으며 학생들의 가족에게까지 제공되고 있다.

케냐 나이로비 키베라 슬럼가의 실랑가 마을은 피푸가 가장 처음 테스트된 마을이다. 키베라 지역은 아프리카에서 두 번째로 큰 슬럼 지역으로 2만 명이 거주하고 있으며, 대부분의 슬럼 지역처럼 위생 시설이 부족한 곳이다. 현재 이곳에서는 피푸가 매일 판매 · 이용 · 회수되고 있다. 매일 4,500명이 피푸를 구매하는데 피푸는 삶의 질을 개선함과 동시에 사회적 공존에 기여하고 있다.

"일회용 변기 덕에 아동 청소년 성폭력 빈도도 감소하고 있습니다. 인종 갈등도 줄고 있지요. 일회용 변기 같은 단순한 제품이 삶의 질을 이렇게 크게 개선시킬 수 있다는 사실이 기쁩니다."

빌헬손은 세계를 바꾸겠다는 목적으로 피푸플(Peepoople)이라는 회사를 설립했다. 피푸플은 지금도 다양한 사업 모델을 시험 중이다. 첫 테스트에서는 옥스팜(Oxfam: 전 세계 빈민구호를 위해 활동하는 국제 NGO단체)과 독일 국제개발협력공사(GIZ)의 재정 원조를 받았지만 장기적으로는 기부금 없이 흑자를 낼 계획이다. 그러기 위해서는 인간과 환경, 봉투가 최적으로 상호작용하는 방법, 제품이 현지 문화와 조화를 이룰 수 있는 방법을 먼저 찾아야 한다.

주변 환경이 사업 모델을 제시하다

아무리 좋은 아이디어도 슬럼의 현실을 접하는 순간 한계에 부딪힐 때가 많았다. 그는 지역의 요구에 부응하는 사업 모델을 개발하기 위해 상황과 배경을 정확히 파악하려는 노력을 먼저 했다.

하루에 1~2달러만을 쓸 수 있는 사람이라면 생활에 꼭 필요한 물건만 구매할 것이다. 이런 상황에서 가격민감도●는 절대적인 중요성을 갖는다. 상품의 질도 매우 중요한데 이 시장의 소비자들은 가격 대비 성능을 누구보다 꼼꼼히 따질 수밖에 없다. 그런 면에서 피푸의 가격은 매우 세심하게 정해졌다. 일회용 변기 하나의 가격은 3센트다. 그 안에는 1센트의 보증금이 포함되어 있어 사용한 변기를 수집소로 가져가면 1센트를 돌려받을 수 있다. 피푸플은 이렇게 회수한 제품을 비료로 사용할 수 있도록 지역 농부들에게 싼값에 되판다. 노동자들의 힘든 일상을 고려해 여성 판매원들과 소사업가 망을 통해 판매하는데, 기업은 이들이 자신의 사업을 확장해 나갈 수 있도록 교육시킨다. 판매원들은 집집마다 방문해 제품을 판다. 어떤 사람들은 타파웨어 같은 플라스틱 용기를 팔 때처럼 사람들을 모아 놓고 시연 행사를 열기도 한다. 판매를 할 뿐만 아니라 구매자들에게 사용 방법을 가르쳐주는 것이다.

지역 상황상 필요한 또 한 가지는 물건을 언제든지 구매할 수 있어야 한다는 것이었다. 슬럼가 주민들은 지금 막 손에 들어온 돈을 바로 지출해버린다. 저축도 하지 않지만 물건을 많이 사서 쟁여 놓을 수도 없다. 따라서 그들에게는 원할 때 물건을 바로 살 수 있는 환경이 중요하다. 처음에 실랑가 마을에는 피푸가 하루에

● 가격민감도: 가격 또는 가격 변화에 대한 소비자의 반응 태도를 나타내는 주관적인 특성. 소비자들은 동일한 가격이라도 개인적 평가 기준에 따라 자각 정도가 다르고 구매 의사 결정이 다르게 나타나기 때문에 가격민감도는 소비자의 제품 구매 결정에 큰 영향을 미친다.

4,500명분만 공급되었다. 반자동 생산 방식으로 생산되었기 때문이다. 하지만 이제 피푸는 대량으로 생산된다. 새로 개발한 기계가 하루에 50만 개의 봉투를 만들고 있다. 시장은 더욱 커지고 있다. 피푸플은 앞으로 26억 명이 이 일회용 변기를 사용 할 것으로 전망하고 있다. 위생 시설 없이 살아가는 사람들 수와 맞먹는 수치다. 물론 그들 모두에게 피푸를 전달하기 위해서는 아직 갈 길이 멀다. 안데르 빌헬손은 지속적인 피드백과 최적화를 통해 서서히 변화를 일으키고 있다.

세계와 사회는 차별화된 사고를 원한다

빌헬손은 인간과 물건, 그리고 환경 사이의 균형을 중요하게 생각한다. 제품을 개별적으로 바라보기보다 특정 환경과 관련된 제품 콘셉트를 중요하게 생각하며, 제품이 시스템 안에서 순환할 수 있도록 유기체적인 사고를 한다.

캔, 페트병, 장난감, 티셔츠, 가방, 인형, 오디오, 냉장고, 세탁기 같은 것들은 사용이 끝나면 고철이 되거나 소각·매립되며 때로는 재활용된다. 하지만 이런 과정은 과거의 일이 될지 모른다. 이미 우리는 그동안의 생산과 소비 습관을 전환해야 하는 중대한 기로 앞에 서 있다. 피푸플 외에도 사회의 많은 영역에서 차별화된 사고가 필요하다. 고령화 사회, 사회생활과 가정생활의 부조화, 기후변화로 인한 에너지 위기 등 우리에게는 수많은 과제들이 산적해 있다. 이런 상황에서 경영자와 건축가, 기업은 무엇을 할 수 있을까? 현재를 살고 있는 우리들은 그 대안을 사회복지공학에서 찾을 수 있다. 또 다른 안데르 빌헬손이 나타나기를 기대하면서 말이다.

건축은 정치다.

FRANCIS KERE

프랜시스 케레

새로운 건축 문화에 세계가 놀라다

프랜시스 케레 FRANCIS KERE

새로운 세계

아프리카는 그 존재가 알려진 이후 오랫동안 우리에게 미지의 세계로 각인되어 있다. 내부적으로는 사상과 문화의 다툼이 끊이지 않고 정치와 경제 분야 역시 해결해야 할 숙제가 가득 하다. 또한 전쟁과 내란이 계속되면서 개발원조와 사회 발전이 불균형하게 이뤄지고 있다. 이 와중에 아프리카가 품고 있는 방대한 지하자원은 서구세계 이권들의 무분별한 욕망의 대상이 되곤 한다. 하지만 이러한 많은 어려움 속에서도 아프리카는 다듬어지지 않은 원석과도 같은 지역으로 무궁한 발전이 기대되는 곳이다.

건축가 프랜시스 케레는 이 혼란스러운 세계에 편견 없이 들어간 사람이다. 믹 피어스가 흰개미집에서 영감을 얻어 냉난방 장치 없이 쾌적한 실내 온도를 유지할 수 있는 이스트게이트센터라는 혁신적인 건축물을 설계했다면, 케레는 사람 중심의 생태 건축을 꾀했다.

그는 아프리카 전역에서 흔히 구할 수 있는 지역재료를 사용해 다채로운 건축을 탄생시켰다. 또한 유럽의 건축 아이디어를 현지에 맞게 재해석하고 그곳 주민들이 함께 성장할 수 있는 하나의 문화로 승화시켰다. 건축가 한 사람의 지휘 아래 완성하던 건축 방식을 과감히 버리고 지역 주민으로 이뤄진 커뮤니티 모두가 참여하는 건축 방식을 택했기 때문이다. 이것은 주민 모두가 건축 노하우를 터득할 수 있도록 만들었다. 또한 그들 모두를 지역 재료를 활용할 줄 아는 독특한 건축가로 발전시키는 결과를 낳았다. 이로써 건축 지식과 경험을 보유한 공동체로 재탄생했다. 남아프리카 나미비아 여성 공동체인 펜두카(Penduka)가 지역 여성들의 경제적 자립을 도우면서 깨어나라는 메세지를 전달하듯이 케레는 주민 모두의 공동 성장을 요구했다. 그는 자신의 건축에 스토리를 입히고 모두가 함께 참여하는 작업을 통해 많은 것을 가르쳤다.

이러한 시도는 아프리카 지역을 미개한 나라로 일축했던 많은 이들에게 경종을 울리게 만들었다. 그곳의 다양한 재료들이 얼마나 훌륭한 건축을 가능케 하는지 보여주었을 뿐 아니라 아프리카의 진짜 보물이 사람임을 일깨워주었다. 창조적이며 에너지로 충만해 있는 아프리카 사람들, 그들이야말로 진정한 보물이다.

마을 추장의 아들에서 스타 건축가로

프랜시스 케레는 국제적으로 명성 있는 스타 건축가다. 그는 아프리카, 중국, 스위스에서 프로젝트를 맡아 진행한다. 그의 건축물은 은은하고 단순해서 언뜻 보면 특별함이 느껴지지 않는다. 그러나 케레의 설계는 공간 이상을 지향한다.

케레의 건축에서는 사회적·문화적 의미가 큰 비중을 차지한다. 현대의 위대한 건축가들처럼 케레 역시 생활 방식을 중요하게 생각하기 때문이다. 케레의 작업적 토대는 독일 데사우에 있는 건축 사무실이 아니라 세계에서 가장 가난한 나라에 속하는 부르키나파소의 사바나다. 이곳은 케레가 태어나 자란 곳으로 에이즈 감염률이 높아 기대 수명이 매우 짧고, 문맹률도 80퍼센트에 이른다.

부르키나파소는 우기에 많은 비가 내리는 곳으로 어린 케레는 비 때문에 집이 허물어지면 가족들과 함께 짐을 챙겨 떠나야 했고 다시 집을 짓는 과정을 반복해야 했다.

"나는 집을 짓는 삼촌을 도와야 했어요. 우리는 매년 집을 수리해야 했죠. 여덟 살 때부터 건축 재료를 날랐는데 어떨 때는 재료가 나보다 더 무거웠지요. 그때 이런 생각을 했어요. 나중에 반드시 더 좋은 집을 짓겠다. 튼튼해서 우기 때 쓸려 내려가지 않는 집, 계속해서 다시 수리할 필요가 없는 집을……."

케레의 건축에 대한 열정은 그때부터 싹트기 시작했다.

케레는 마을에서 유일하게 학교에 다니는 아이였다. 마을 공동체 추장이었던 아버지는 장차 아들이 글을 배워 읽지도 쓰지도 못하는 자신에게 우편엽서를 읽어줄 거라는 꿈을 꿨다. 그러나 그의 소박한 꿈은 보기좋게 빗나갔다. 케레는 방과 후에 목수 일을 배워 장학금을 받아 독일로 떠났다. 그리고 베를린 공대에서 건축을 공부했다. 이방인 케레는 젊고 쟁쟁한 건축가들과 공부하면서 자신의 고향에 적용할 수 있는 지식을 찾아 나섰다. 초현대적이고 현란한 건축이 아니라 가난한 환경에서 실현할 수 있는 방법을 찾고자 했다.

재학 중에 케레는 고향으로 돌아왔고 이번에는 다른 의미의 이방인이 되었다. 이방인으로 돌아와 맨 처음 그가 한 일은 학교를 짓기 위한 '간도 학교 기금' 마련이었다. 그는 기금을 모아 서유럽에서 배운 건축 기술을 동원해 학교를 지었다. 2001년, 마침내 120명의 학생들이 다닐 수 있는 학교가 완공되었고, 현재 이 학교는 증축을 거쳐 1,000여 명의 학생들을 수용할 수 있게 되었다. 케레는 기뻤다. 부르키나파소에서는 상상도 할 수 없던 일을 어려운 환경을 딛고 이뤘기 때문이다. 단지 케레가 운이 좋아서 이 일이 가능했을까? 결코 그렇지 않다. 케레는 자신의 작업 방식을 완전히 아프리카 스타일로 바꿔 새로운 것을 창조해냈다.

케레의 건축에 참여해 일을 배운 주민들은 자립적으로 건물을 지을 수 있게 된다.

아프리카에 생긴 오페라 마을

케레는 철, 콘크리트, 유리 같은 전형적인 건축 재료가 전부라고 생각하지 않았다. 그는 지역과 전통에 뿌리를 둔 재료를 찾아 그것만의 매력을 살리고자 했다. 그렇게 부르키나파소에서는 서로 완전히 다른 두 문화가 융합되었다.

"유럽의 아이디어를 아프리카에 맞도록 새롭게 정의하고자 했어요. 새로운 형식을 거부하는 금기 사항이나 역사적 장애물은 저에

케레의 첫 건축 프로젝트인 간도 학교. 유럽의 건축 예술과 현지의 전통이 융합된 형태다.

실내공간은 쾌적하다.
압축해서 만든
진흙벽돌은 열기를
흡수하고 위쪽으로
공간을 띄워 드리운
커다란 지붕은 그늘을
선사하며 공기는
자유롭게 순환된다.

PART 1 기업 가치와 인류애가 공존하는 공동체

게 별 의미가 없었죠. 편견 없이 새로운 방향을 추구하자는 것이 제 생각입니다. 그래서 제 건축은 새로움을 상징해요. 재료끼리 섞는 것을 주저하지 않습니다. 함석에 진흙을 섞는 것처럼 말이죠."

케레의 작업 방식을 보여주는 탁월한 예는 부르키나파소의 오페라 마을이다. 이 프로젝트는 연출가 크리스토프 슐링엔지프의 주도로 시작되었고, 서로 다른 두 문화의 협업을 상징했다. 시작은 이랬다. 2009년 슐링엔지프는 모잠비크와 카메룬에 지을 공연장 부지를 알아보기 위해 아프리카를 방문했다. 그러던 중 괴테 인스티튜트(Goethe Institut)의 소개로 프랜시스 케레를 만났다. 케레는 슐링엔지프에게 부르키나파소를 보여준 후 적당한 장소를 함께 찾아 나섰다. 수도 와가두구에서 동쪽으로 30킬로미터 떨어진 곳에 도착했을 때 슐링엔지프는 케레에게 말했다.

"바로 이곳이에요."

그들은 군데군데 푸른 나무들이 서 있는 붉고 광활한 땅 한가운데에 섰다. 그곳은 예술적이면서도 고요하고 영적인 장소로 느껴졌다. 라온고라는 언덕이었다. 주변 지역의 농부들이 신들과 대화하는 곳이기도 했다.

"아프리카에 오페라 하우스를 짓는다니 말도 안 된다고 생각했죠. 하지만 부르키나파소에서 예술은 중요한 역할을 하고 있어요. 부르키나파소는 아프리카 영화와 연극의 중심지거든요. 지금은 아프리카 패션의 중심지기도 하고요." 케레의 말이다.

공동 프로젝트를 위한 슐링엔지프의 비전은 '아프리카에서 배우기'였다. 예술에 관한 것이지만 사회적인 일이기도 했다. 이렇게 두 사람은 단계적인 건축 계획을 세우고, 당장 필요한 시설인 학교를 짓기로 했다. 그 다음 병원, 주거 시설, 게스트하우스를 짓고 마지막으로 원래 목적인 행사 공간을 건축하기로 했다.

케레는 기념비적인 건축물을 짓는 것보다 유기적이고 건강한 공간을 만드는 데 관심이 있었다. 작고 기능적인 단위인 모듈●로 짓는 것을 가장 우선으로 삼았다. 모듈의 수는 필요에 따라 늘리거나

2001년 120명의 학생으로 시작한 이 학교는 증축을 거쳐 현재 1,000여 명까지 수용 가능하다.
케레는 이 작업으로 세계에서 가장 상금이 많은 건축상인 아가칸 상을 수상했다.

● 모듈: 건축물 따위를 지을 때 기준으로 삼는 치수.

프랜시스 케레 FRANCIS KERE

케레와 함께
건축하는 **사람들은**
건물만 짓는 것이 아니라
자신의 이야기를 만들어 간다.

다시 해체할 수 있다. 오페라 마을은 그렇게 밖으로부터 안쪽으로 나선형을 그리며 확장되고 가장 중심에는 달팽이 모양의 공연장이 들어섰다.

현재 오페라 마을의 학교는 젊은이들을 위한 공간으로서 읽기와 쓰기 외에 영화 및 방송 관련 커리큘럼을 갖추고 있다. 렘두고(마을 이름을 렘두고라고 지었다)는 제2의 바이로이트●를 표방하지 않기 위해 지역 예술가들이 교과과정에 무엇을 넣을 것인지를 결정했다. 유럽 문화를 그대로 따라 하지 않고 토착 문화를 꽃피우는 장소로 만들기 위함이다. 이렇게 유럽과 아프리카라는 두 세계가 연결돼, 세계적으로 전례가 없는 건축이 탄생하게 되었다.

케레의 원칙

케레는 오랜 기간 실용적인 관점에서 자신만의 방법을 개발하고 다듬어 왔다. 현지 주민들과 끊임없이 아이디어를 나누고 계획을 상의한 다음 자신의 청사진을 보완했다. 종종 맨 바닥에 쪼그리고 앉아 오랜 시간 주민들과 대화를 나눴다. 프로젝트에 참여해 의견을 나누는 모든 사람들은 무엇보다 인내심을 길러야 했다. 케레는 그렇게 하는 것이 자신에게도 도움이 된다고 생각했는데 그 생각은 주민들도 마찬가지였다. 케레에게 현지의 상황을 알려주고 자신들이 원하는 새로운 건축에 대한 기대를 요구할 수 있었기 때문이다.

케레는 아프리카 땅에 세련되고 초현대적인 UFO 같은 건물을 지을 생각이 없다. 그런 건물은 센세이션을 불러일으키는 것 외에는 별 다른 가치가 없기 때문이다.

참여적인 건축, 이것이 바로 케레의 건축 방식이다. 케레는 프로젝트 전 과정을 통해 참여적인 건축을 밀고 나갈 것이다. 그는 모든 단계에서 사람들을 참여시킨다. 훈련받지 않은 인력들이 벽돌 만들기부터 시작해 건축 일을 배워 나간다. 그렇게 하면 건물만 지어지는 것이 아니라 건축 지식을 갖춘 공동체가 탄생하게 된다. 그

● 바이로이트: 독일 남부 바이에른 주에 있는 도시.

들은 이제 케레가 없어도 배운 지식을 활용해 새로운 건물을 지을 수 있다.

"작업은 현지 커뮤니티와 분리될 수 없어요. 참여하는 사람들은 그것이 자신들의 일이라는 사실을 깨닫습니다. 억지로 하는 것이 아니라 스스로 참여해 무언가를 이뤄 가는 과정인 것이죠. 시간이 흐르면서 일을 소중히 여기게 되고 일을 어떻게 해야 하는지 알게 됩니다. 사람들과 함께 일하는 것은 중요해요. 사람이 모든 작업의 기본입니다."

현지의 재료로 건축하기

케레는 재료와 양식 면에서도 현지에 있는 것들, 예를 들면 토착 광물이나 해당 지역의 전통 건축 양식을 최대한 활용한다. 건축 재료들을 먼 곳에서 조달하려면 시간이 너무 많이 걸리기 때문이다. 케레는 간도에서 주로 진흙을 활용해 건축한다. 진흙에 시멘트를 8~10퍼센트 섞으면 재료가 단단해져 건축에 적합하다. 현지인들은 혼합한 재료들을 기계로 눌러 굳힌 다음 더 강하고 단단하게 만든다. 벽돌을 굽는 데 필요한 나무가 없기 때문에 압축한 벽돌은 약 4주간 건조시켜야 한다.

다노의 상급 학교를 지을 때는 지역에서 쉽게 구할 수 있는 불그스름하고 구멍이 많은 돌인 라테라이트석(홍토석)을 활용했다. 돌을 다듬어 건축 재료로 쓰는 것이다. 케레는 지역 주민들이 직접 건물을 수리하고 관리해야 한다는 점을 감안해 주변에서 쉽게 찾을 수 있는 재료를 활용했다. 그는 어느 지역에서 건축을 하든 이 방식을 고수할 것임을 강조했다. 뉴욕에서 건축을 한다 해도 아마 그는 주변에서 쉽게 구할 수 있는 재료들을 찾아 나설 것이다.

부르키나파소의 건물들은 종종 유럽식으로 지어진다. 하지만 그런 건축법은 이처럼 가난한 나라에는 적합하지 않다. 부르키나파소의 기후는 매우 덥기 때문에 집을 콘크리트와 유리로 지으면 열기가 빠져 나가지 못하고 그대로 저장된다. 인공적으로 냉방을 하려면 전기가 필요한데 그렇게 되면 돈이 들 수밖에 없다. 부르키나파

오페라 마을은 아프리카 농장의 전통적 모습을 따른다. 북쪽은 막혀 있고 동쪽은 트인 원형으로 배열된다.

렘두고 마을을
부르키나파소의 사바나
한가운데에 짓기로 했다.
작은 언덕이 있는 경치가
영적인 분위기를 풍긴다.
이곳을 선택한 결정적
이유다.

이곳에 학교와 병원, 게스트하우스, 공연장이 들어설 것이다. 학교가 개교한 지 이미 일 년이 지났지만 오페라 마을은 여전히 공사 중이다.

프랜시스 케레 FRANCIS KERE

작업은
현지 커뮤니티와
분리될 수 없다.

소에는 그럴 만한 돈이 없다. 설사 돈이 있다 해도 다른 곳에 쓰는 편이 더 나을 것이다.

그래서 케레는 특수한 지붕 구조를 개발했다. 지붕을 아주 크게 만들어 벽에 비가 들이치지 않게 했다. 또한 위쪽 공간을 띄운 상태에서 지붕을 달아 공기 순환이 잘 되게 했다. 한마디로 전기가 들지 않는 자연냉방장치인 셈이다.

케레의 작업 방식은 부르키나파소뿐만 아니라 전 세계에 적용되어야 한다. 그 이유를 케레는 다음과 같이 단호하게 설명한다.

"우리는 위기를 경험할 수 있습니다. 기후 변동이 대참사로 이어질 수도 있습니다. 또한 한정된 자원을 얻기가 점점 어려워질 겁니다. 나는 모든 동료들이 언젠가는 깨달을 거라 믿어요. 사람들이 지금의 방식대로 계속 살아갈 수는 없다는 사실을요. 서구 방식이 최고가 아니라는 것, 오히려 서구 방식이 모든 것을 지배하기 전 선조들이 자원을 얼마나 조심스럽게 다루었는지를 다른 문화를 통해 배울 수 있다고 믿습니다."

부르키나파소에서는 생태적 집짓기와 관련해 서서히 사고의 전환이 일어나고 있다. 얼마 전까지 아무 생각 없이 이국적인 재료들을 썼던 일부 건축가들도 자신들의 방식에 문제가 있고, 지역에서 조달할 수 있는 재료로 건축을 하는 편이 훨씬 더 좋다는 것을 인식하기 시작했다. 이런 인식의 전환이 확산되면 대규모 면적에 획일적인 건축물들이 들어서는 일은 점차 줄어들 것이며 건축을 향한 케레의 꿈도 실현될 것이다. 그가 원하는 생태적이고 경제적이며 미학적으로도 훌륭한 건축이 가능해지는 것이다.

공동 성장의 새로운 모델

케레의 건축은 사람들에게 영감을 주고 그들로부터 피드백을 받는 과정 속에서 탄생했다. 단순히 건물을 짓는 것이 아니라 건축에 참여하는 사람들과의 끊임없는 상호작용을 통해 공동 성장의 새로운 모델을 제시하는 것이다.

사람은 환경과 더불어 발전하므로 자신이 터전으로 삼고 있는 환경부터 먼저 받아들여야 한다. 자신이 속한 작은 지역의 전통과 문화가 구심점이 되어 더 나은 미래를 꿈꿀 수 있는 것이다.

케레는 좀 더 까다로운 기준의 건축가상을 갖고 있다. 흔히 건축가 하면 틀, 조건, 재정 수단, 안정성, 환경, 쓰임새 등을 고려하기 마련이지만 케레는 문화, 커뮤니케이션, 전통, 기술, 경제, 생태 등을 고려한다. 훨씬 다차원적이다. 또한 생명 번성과 인간의 생산성을 북돋우며 개개인이 능력을 펼칠 수 있는 사회적 유기체를 만들어 가는 것을 중요하게 생각한다.

케레는 서구 세계가 아프리카에서 뭔가 긍정적인 일을 하려면 먼저 아프리카를 새롭게 이해해야 한다고 생각한다. 아프리카에는 오랜 세월 미디어와 구호단체가 부추긴 구원자 판타지가 존재해 왔다. 또한 훼손되지 않은 자연과 마사이족 같은 자부심 강한 원주민에 대한 막연한 동경, 그리고 착취해도 되는 엄청난 자원이 숨어 있는 대륙이었다.

아프리카 이야기를 할 때 우리는 무엇을 떠올리는가?

아프리카는 54개의 개성 넘치는 나라들로 구성되어 있다. 수 년 전부터 경제성장이 가속화되면서 기아가 감소하고 있다. 십 년 후에는 아프리카의 수백만 가구가 중류층으로 편입될 것이다. 이 같은 발전은 무역, 농업, 텔레커뮤니케이션에 이르는 다양한 분야 덕분이며, 무엇보다 강한 추진력과 참신한 아이디어를 보여준 기업가들이 있었기에 가능했다.

케레의 건축은 아프리카에서 어떻게 건축할 것이냐에 대한 답을 제시한다. 물론 자신의 생각을 실현시키면서 경제적 이윤까지 얻기란 쉽지 않다. 기업들은 토착 문화를 장애물로 볼 것인지 아니면 새로운 도전을 위한 에너지로 볼 것인지 자문해야 한다. 또한 현지인들의 능력과 자질을 어떻게 계발할 것인지도 생각해봐야 한다.

케레의 말을 들어보자.

"이곳 사람들은 엄청난 잠재력을 갖고 있습니다. 그들은 현지의 재료를 가공해 자신들의 필요에 맞게 사용하는 방법을 배우죠. 아프리카에는 인력이 풍부합니다. 그 누구보다 열정적이죠. 아프리카의 비약적인 경제성장이 예감되는 이유가 바로 여기에 있습니다."

모든작업의기반은
사람이다.

ARTHUR POTTS DAWSON

아더
포츠 도슨

발상의 전환으로 시작된 사회적 기업에서 배우다

아더 포츠 도슨 ARTHUR POTTS DAWSON

커뮤니티
21세기의 기업

1981년 텍사스 오스틴을 강타한 70년 만의 대홍수는 수많은 매장을 침수시켰고, 셀 수 없이 많은 상품 재고 유실과 설비고장 사태를 초래했다. 도시 대부분은 그야말로 멈춘 듯 보였다. 하지만 이런 상황에 뚜렷한 차이를 보인 곳이 있다.

당시 27세였던 한 창업자 역시 유례없는 재앙에 넋을 잃고 있었다. 자포자기한 그가 폐업을 결정한 찰나였다. 하지만 고객들과 지역 주민들은 그의 매장이 자신들에게 꼭 필요하다고 판단했다. 이내 주민들은 자발적으로 힘을 합쳐 한 달 만에 매장을 정상화시켰다.

당시 청년이었던 존 매키는 이 계기로 기업과 주변 구성원 간의 상호 의존 관계를 깊이 깨달았다. 이후 그의 매장은 깨어있는 자본주의를 주창하며 사회적 협동조합의 형태로 변화를 거듭해 나갔다. 그 결과 현재 미 전역에 360개 이상의 매장을 가진 사랑받는 거대 유기농 체인이 되었다. 바로 홀푸드마켓(Whole food market)의 스토리이다.

영국의 유명 요리사이자 사회적 기업가인 아더 포츠 도슨 역시 커뮤니티를 통해 기업가의 역할과 기업의 형태를 새롭게 정의한 사람이다. 이익 추구에 앞서 주민 모두가 참여하는 협동조합을 부활시킨 것이다. 그는 홀푸드마켓과 유사한 행태로 주민에 의한, 주민을 위한, 주민의 슈퍼마켓을 지향하고 나섰다.

21세기 기업가들은 회사에서 제공하는 서비스와 부가 혜택을 내세우며 직원들을 이리 저리 끌고 다니고 있다. 하지만 이러한 운영체제는 더 이상 매력적이지 않다. 거대 기업의 권력에 순응하던 시대에서 개인의 의견이 반영되기 원하는 세대로 빠르게 진화되고 있기 때문이다. 사회 또한 자본시장이 성과원칙의 한계를 경험하며 신뢰를 잃을수록 다른 원칙을 지향하는 기업가를 원하고 있다. 전통적인 방식을 고집하거나 결과와 보이는 것에 초점을 두는 기업가는 더 이상 설 곳이 없어지고 있다. 우리나라에도 협동조합의 형태를 띤 많은 공동체들이 만들어지고 있기에 미래 기업가의 모습을 기대해 볼 수 있다.

스타 요리사, 아웃사이더 기업가로

아더 포츠 도슨은 경제 매거진 편집자들에게 최고의 매력을 지닌 기업가로 알려졌다. 그는 제이미 올리버에게 요리를 배운 스타 요리사로 영리하고 잘생겼다. 거기다 아시아 격투기에 능하고, 가정에서는 헌신적인 아빠이며, 그 누구보다 직원들을 위해 희생하는 사람이다. 또 말을 시작하면 웬만한 설교자보다 설득력 있게 말을 한다. 오랜 세월 동안 경험하고 체득한 것에 확신을 두고 설득하기 때문인데 이런 것만으로도 포츠 도슨은 많은 기업가들과는 차별성이 있어 인정받고 있다.

그러나 포츠 도슨은 기업가들 사이에서 환영받지 못하는 인물이다. 심하게 말하면, 거의 문둥병자 취급을 받을 만큼의 흠이 있다. 여느 기업가처럼 기업의 이윤을 극대화하기 위해 일하지 않기 때문이다.

포츠 도슨은 전혀 다른 가치에 관심이 있다. 시간이 흐를수록 점점 더 중요하게 부각될 가치, 바로 공동체다. 그는 환영받지 못하는 자신의 까다로운 목표를 실현하기 위해 역사상 가장 오래된 경제

아더 포츠 도슨 ARTHUR POTTS DAWSON

구조인 협동조합을 다시 부활시켰다.

가장 기본적이고 중요한 것부터

포츠 도슨의 슬로건은 'It's a co-op come and join(모두가 참여하는 협동조합)'이다. 사회를 변화시키려면 가장 기본적이고 중요한 것부터 바꿔야 한다고 생각했는데, 그것이 바로 먹거리 변화였다.

그는 매일 몇 백 명분의 음식을 만드는 요리사로서 남은 재료에 집중했다. 어느 경우의 요리든 마지막에는 재료나 음식이 남았고, 결국 남은 재료 모두를 폐기해야 한다는 점에 초점을 맞췄다. '남는 재료와 버려지는 음식들을 계속 폐기해야 할까?'라는 생각은 그를 물고 늘어졌다. 일반적으로 일에 대한 책임감이 강한 사람은 일의 전반적인 부분 모두를 중요하게 생각하지만, 특히 마지막 마무리가 어떻게 완료되었는가를 면밀히 살핀다. 포츠 도슨이 바로 그런 사람이었다.

"빅토리아 시대부터 이미 음식 쓰레기가 마구 버려졌어요. 하지만 그런 재료 안에는 인산염이나 열량 같은 좋은 것들이 많이 들어있었지요. 한 마디로 에너지가 들어있어요. 내게 중요한 것은 바로 그 점이었습니다. 모든 에너지는 어딘가로부터 나와 또 다른 어딘가로 이어지죠. 태양에너지는 식물로 옮겨지는데, 옮겨진 에너지는 땅에서부터 자라나게 됩니다. 밀을 생산하는데도 에너지가 필요하고, 빵을 굽고 운반하는데도, 심지어 사람이 소화 흡수를 하는데도 에너지가 필요합니다. 그뿐이겠어요? 먹고 남은 것을 버리는데도 에너지가 쓰입니다. 모든 것이 에너지예요. 하지만 이런 에너지의 순환을 끊어버리면 막다른 골목이 생길 수밖에 없어요. 지구는 일방통행이 아니라 순환되도록 만들어져 있잖아요. 저는 이런 지구의 기본 순환을 되살리고 식량체계가 올바른 균형을 이루면 좋겠다는 생각을 했습니다."

포츠 도슨의 이 생각은 새로운 형태의 기업을 만드는 원동력이 되었다.

포츠 도슨은 동료인 데이빗 배리, 케이트 불과 함께 슈퍼마켓과

지역에서 생산된 건강한 먹거리가 피플스 슈퍼마켓의 상품이 되었다.

THE PEOPLE'S
PRODUCTS
People's
Supermarket
THE PEOPLE'S
WHITE SUGAR
80p
PER KG

피플스 슈퍼마켓은
몸매 걱정을 하는
부유층 유기농 이용자들의
장이 아니라, 모두를 위한
모두의 마켓이다.

식당을 결합한 사회적 기업 '피플스 슈퍼마켓(The people's supermarket)'을 설립했다. 이 슈퍼마켓은 포츠 도슨의 기업적 마인드 혹은 정치, 사회적 행동에 중요한 역할을 했다.

젊은 요리사인 그는 지역 주민들의 식탁에 좋은 먹거리를 제공하는 것을 원칙으로 삼았다. 그 원칙을 고수하기 위해 필요하다면 지속적으로 변화를 이어가겠다고 결심했다.

"편안하게 앉아 닭 한 마리를 15파운드에, 빵을 4파운드 40페니에 구입하는 것은 정말 무책임하다는 생각이 들었어요."

포츠 도슨은 저변에 놓인 문제를 보았다. 영국에서 이런 비싼 식품을 감당할 수 있는 소득 계층은 불과 몇 퍼센트밖에 되지 않는다. 그럼에도 불구하고 그들이 온 나라의 영양 섭취 방식을 결정하고 있었다. 부자들이 가난한 사람들을 탐욕스런 슈퍼마켓 체인에 넘겨 준 꼴이었다. 영국 마켓 3/4이 아스다(Asda), 모리슨스(Morrisons), 세인스베리스(Sainsbury's), 테스코(Tesco) 같은 거대 체인점 소속인 것은 이러한 사실을 입증한다. 유럽의 많은 나라들도 상황은 비슷했다.

> 포츠 도슨의 조직전략과 실천은 지역 사회의 새로운 가족 기업 형태로 재탄생했다.

식재료 납품업자들도 많은 어려움을 겪고 있었다. 자신들의 상품을 유로존 내에서 유로화로 불리하게 환전해 팔아야 하고, 그들이 공급하는 과일과 야채는 대부분의 슈퍼마켓이 거부했다. 납품업자들은 그런 상황을 탄식할 수밖에 없었다. 몇 대 째 이어져 내려온 가족의 생업이 막막해져 버린 것이다.

포츠 도슨은 이렇게 팔지 못하고 남은 농산물의 직거래를 시작했다. 소규모 가족 기업이 위기를 겪고 있을 뿐만 아니라 여러 세대를 이어 온 먹거리에 대한 소중한 정보들이 사라진다면 언젠가 우리는 음식을 더 이상 만들어 먹지 못 할 것이라는 불안한 예감 때문이었다.

주민에 의한, 주민을 위한, 주민의 슈퍼마켓

피플스 슈퍼마켓의 역사는 포츠 도슨이 사는 동네에서 시작되었다. 그곳은 부유층이 거주하는 지역도, 새로운 시도에 의무감을 느끼는 의식 있는 사람들이 사는 지역도 아니다. 이런 환경에서 세계를 구하겠다는 낭만적 생각만으로는 오랫동안 버텨낼 수 없다. 그는 각 개인의 상업적 유익에 근거한 약속을 시작했다. 개인 누구든 슈퍼마켓의 주인이 될 수 있으며 그렇게 하면 모든 식료품과 물품을 더 싸게 살 수 있게 된다는 약속이었다. 처음 그의 생각에 동의한 사람은 주로 연금생활자들로 20~30여 명 밖에 되지 않았지만 새로운 기업의 시작을 여는 포문이 되었다.

이후 포츠 도슨은 열정적인 기업가답게 수천집의 문을 두드렸고, 새로운 상점의 목적이 무엇인지를 설명하는 전단지를 돌렸다. 앞으로는 필요한 물건 전부를 그들이 직접 운영하는 가게에서 구입할 수 있을 것이라고 말이다. 그러나 사람들은 그를 거의 정신 나간 사람처럼 생각했고 응대조차 하지 않으려 했다. 그리고 대부분 동일하게 대답했다.

"내가 왜 그래야 하죠? 난 지금까지 다니던 곳이 있고요. 앞으로도 늘 다니던 길모퉁이의 슈퍼마켓을 이용하는 편이 더 편한걸요."

포츠 도슨은 더 싼 가격에 물건을 구입할 수 있다고 주장했지만 결과는 크게 달라지지 않았다.

포츠 도슨의 첫 슈퍼마켓은 1만 1천 파운드를 투자해 리노베이션을 시작했다. 페인트칠을 하고 조명을 바꾸고, 바닥을 보수했다. 아이디어를 나누고 작업을 함께할 사람이 턱없이 부족했지만 슈퍼마켓 내부를 그래픽 디자인으로 예쁘게 꾸미는데 열중했다. 공사를 하는 동안 주변을 지나던 사람들은 '저 사람이 결국 일을 저질렀군.'이라는 눈초리를 보내왔다. 하지만 슈퍼마켓 문을 열고 활동을 개시하자 이 젊은 남자가 대체 무엇을 하고 싶은 것인지 궁금해 하기 시작했다. 포츠 도슨은 주민들의 관심을 참여로 이끌기 위해 박차를 가했다.

주민들도 차츰 자신이 직접 사업에 참여할 수 있다는 점에 관심을 가졌다. 그리고 무엇을 어디서 어떻게 구입할 것인지 결정하고, 친구들과 친척들에게도 직접 판매할 수 있다는 사실에 놀라워했다. 포츠 도슨은 이 모든 것을 기업이 아닌 모두가 참여하는 공동체 즉 커뮤니티로 바라보았다. 드디어 포츠 도슨의 피플스 슈퍼마켓은 유

피플스 슈퍼마켓은 대기업적인 독재방식이 아니라 민주적으로 운영된다. 고객들은 판매할 물품을 스스로 결정한다.

처음 피플스 슈퍼마켓의
장애물로 지적됐던
것들은 시간이 흐르면서
가장 큰 강점이 되었다.
그것은 바로 커뮤니티다.

기적으로 성장해갔다. 20명이 40명으로 다시 200명으로 조합원수가 늘어났다. 조합원들은 독자적으로 소규모 생산자들을 찾아가 그곳에서 오이와 토마토를 구입하고, 그 모든 것의 의미가 어디에 있는지 서서히 깨닫기 시작했다.

"인간은 친밀함에의 욕구, 교환에의 욕구를 가지고 있어요. 그렇지 않으면 사람은 존재의 의미를 찾지 못하죠. 그저 자본주의 사회의 상품이 되어버린 것도 깨닫지 못한 채, 수십 년을 그냥 흘려보내게 돼요. 피플스 슈퍼마켓이 가진 매력은 사회에 이런 인간 본연의 요소를 돌려주는 것입니다."

커뮤니티의 성장은 슈퍼마켓의 구심점이 되었을 뿐만 아니라, 슈퍼마켓의 성격을 변화시켰다.

처음 포츠 도슨의 구상은 유기농 취급 기업이었다. 유기농 제품을 보통의 식료품과 같은 가격에 제공하려 했다. 그러나 물품을 구비하는 문제는 더 이상 소수의 손에 달려 있지 않았다. 그 문제 또한 조합원들과 함께 민주적으로 결정 내려야 할 사안이 되었기 때문이다. 이런 과정에서 슈퍼마켓은 순수 유기농 제품만을 취급하겠다는 취지를 철회했다. 회의를 거듭한 결과 유기농 제품에 관심 있는 조합원이 소수에 불과했기 때문이다. 2년간 포츠 도슨이 주관해 온 일이지만 비로서 주민에 의한, 주민을 위한, 주민의 슈퍼마켓이 탄생되었다.

포츠 도슨이 중요하게 생각했던 다른 부분은 조합원들의 압도적인 찬성을 얻었다. 바로 납품업자에게 공정가격을 지불하자는 것이다. 그는 지속적으로 납품업자를 방문해 직원들과 보수 노동자들이 임금을 제대로 받고 있는지 확인했다. 참으로 어려움이 많은 일이었다. 이 싸움에서 피플스 슈퍼마켓이 늘 이기는 것은 아니었다. 지역 납품업자들에게 공정가격을 지불하는 일은 만만치 않았다. 공정가격 지불정책을 지키는 동시에, 일부 상품을 경쟁력 있게 구매하는 것은 쉬운 일이 아니었기 때문이다. 그러나 피플스 슈퍼마켓은 자신들의 기본 강령을 지금도 충실히 고수하고 있다.

"슈퍼마켓에서 먹거리만이 문제가 되는 건 아니었어요. 이미 오래된 사안이죠. 사회적인 상호작용, 사회적 연결, 어딘가의 일부라

> 스타 요리사는 유통기한이 거의 다 된 식품들을 맛있는 요리로 변신시킨다. 다른 슈퍼마켓 체인에서는 이런 식품 모두가 쓰레기로 버려진다.

아더 포츠 도슨 ARTHUR POTTS DAWSON

지구는
일방통행이 아니라
순환되도록 만들어졌다.

는 감정이 중요했습니다. 교회에 가면 믿음이 있어야 하고, 은행에 가면 계좌를 만들어야 해요. 테니스 클럽에 가면 테니스를 쳐야 하지요. 반면 피플스 슈퍼마켓에서는 종교적 감정도, 자본도 필요하지 않아요. 정당에 가입할 필요도 없지요. 당신은 있는 그대로의 당신 자신이면 됩니다. 이미 그것만으로도 아주 특별하지요!"

숙련된 요리사 포츠 도슨은 이렇듯 몇 가지 타협점을 찾아가며 더 나은 방법을 모색했다. 그것은 유통기한이 임박한 식료품들로 제2의 음식을 만들어 파는 것이었다. 이 음식들은 훌륭한 요리사의 손에서 조리됐기 때문에 맛이 훌륭했고 그만큼 더 높은 가격에 팔려 나갔다. 아이스크림처럼 맛있는 디저트로 변신한 재료들로 피플스 슈퍼마켓은 부수적인 이윤을 확보할 수 있었다. 대형 슈퍼마켓에 대한 대안을 제공하고, 지역 주민들의 식탁에 건강한 먹거리를 공급하겠다는 원래의 생각은 이렇듯 시간이 흐르면서 여러 가지 묘안으로 이어졌다.

공동체를 창조하는 기업가

피플스 슈퍼마켓은 사회적으로 실험적인 부분이 많았다. 많은 기업과 사회 제도가 오랫동안 외면했던 것에서부터 프로젝트가 시작되었기 때문이다. 조합원들은 여기서 어떤 결집의 힘을 느꼈다. 뭔가를 함께한다는 점에서 기쁨을 알게 되었고, 그런 방식을 통해 기업가가 될 수 있다는 것도 깨달았다.

포츠 도슨의 진정한 업적은 바로 여기에 있다. 일을 둘러싸고 탄생된 커뮤니티.

사람을 자신의 주위에 모으는 능력이야말로 21세기가 원하는 기업가의 본질적 능력이다. 그것은 의사소통 가능한 네트워크 이상으로, 다른 사람들을 동참시키고 연결시킬 수 있다는 믿음의 문제다. 커뮤니티 원칙은 인간 본질에 있기 때문이다.

포츠 도슨은 많은 사람들이 모여 함께 변화를 이룰 수 있다는 믿음을 피플스 슈퍼마켓으로 증명해냈다. 기업 시스템은 점점 더 부패되고, 무자비해지고 있다. 그럼에도 불구하고 기업은 계속해서 새로운 마법을 던져주며 동기부여를 할 것이다. 그러나 그 의도가 독점적으로 주주가치를 극대화하는 것만을 위한다면, 결코 커뮤니티가 생겨나지 않을 것이다. 하지만 피플스 슈퍼마켓의 경우는 완전히 달랐다.

피플스 슈퍼마켓에서 중요한 것은 구매의 독점권력을 깨뜨리고 서로가 협동하는 것이다. 경쟁에 모든 것을 걸었던 사람들, 절망의 나락에 빠져들었던 생산자들은 포츠 도슨의 세계에서 새로운 자리를 발견했다. 그렇게 커뮤니티가 탄생했고, 문제에 접근하는 가운데 스스로 해결책이 되었다.

따라서 21세기 기업가는 자신의 기업보다 더 높은 목표를 추구하는 현대적인 해방운동가가 되어야 한다. 바로 이것이 '활동하는 기업가'의 의미라고 할 수 있다.

이번 장의 모든 사진은
하랄라 해밀톤이 찍었다.

커뮤니티 원칙은
인간본질에 있다

INNOVATION STUNT MEN

JENOVA CHEN
KATIE SALEN
YAW ANOKWA

PART
2

인간을 더 이롭게, 세상을 더 풍족하게

인간 감성을 담은 게임으로 삶에 다채로움을 선사하다
놀이터로 바뀐 배움의 공간-미래 학습법을 제시하다
아프리카에 만들어진 가상공간이 세계 발전을 도모하다

JENOVA CHEN
제노바 첸

인간 감성을 담은 게임으로 삶에 다채로움을 선사하다

제노바 첸 JENOVA CHEN

감성 시장

소비의 가장 중요한 요소는 새로운 느낌이다. 운동화를 새로 산다고 가정했을 때 유행과 가격을 따져보겠지만, 그보다 더 중요한 것은 새로 산 운동화로부터 받게 될 감정이라는 의미다. 다만, 상품을 구입하는 본인이 이점을 인지하지 못할 뿐이다.

아이들이 시내로 몰려가 알록달록한 버블티를 사는 것도 새로운 경험이라는 감정의 구매와 같다. 여행도 마찬가지다. 여행에서 느끼고 경험했던 감정이 되살아나, 한여름 뙤약볕을 마다 않고 길을 나서는 것이다. 과거의 감정이 현재의 구매로 연결되는 셈이다.

사실 평소 자신이 갖고 싶어했던 모든 상품엔, 그로부터 느끼게 될 각자의 특정 감정이 포함되어 있다. 우리는 수천 년간 그렇게 감정과 함께 진화되었고 이런 속성은 언제나 인간 존재의 일부였다. 하지만 현재의 기술 발전은 신체 경험을 비약적으로 줄여 놓았다. 결과적으로 신체 활동으로부터 전달되는 다양한 감정을 느끼는 일도 줄어버렸다. 하지만 감정의 빈곤은 우리를 그냥 내버려 두지 않는다. 무엇인가로 채우기를 기대하고 시도하기 때문이다.

다행히도 인간의 필요를 자각한 여러 산업은 감성 산업의 성장을 이끌었다. 감성 산업은 문명이 배출한 다른 어떤 산업보다 크고 강하다. 결국 자극받기 좋아하는 인간의 감성은 게임이라는 산업으로 발전되었다.

제노바 첸 JENOVA CHEN

게임 산업에 종사하는 디자이너, 기술자, 예술가들은 게이머들이 인공적인 세계에 깊이 빠져들 수 있도록 안간힘을 써 왔다. 게이머들이 더 깊이 몰입할 수 있도록 이전의 게임보다 더 자극적인 요소를 찾기 시작한 것이다. 현재 게임 산업은 감정을 두고 벌이는 치열한 경쟁의 장이 되었다. 문제는 액션게임이든 콘솔게임이든 게임 산업이 대량 생산하는 감정은 늘 비슷하다는 것이다. 언제나 갖은 수단을 다해 완벽하게 연출된 적을 물리치는 것이 관건이다. 이런 상황에서 전혀 다른 길을 택한 작은 게임회사가 있다. 경쟁사의 게임들이 거의 예외 없이 때리고 죽이고 부수는 것을 추구하는 게임이라면, 제노바 첸이 만드는 게임은 전혀 다른 새로운 감정을 일으킨 게임이었다.

감성 공장의 신제품

댓게임 컴퍼니는 차고 한 켠에서 시작되었다. 서던캘리포니아대학에서 만난 제노바 첸과 켈리 산티아고가 바로 이 회사의 주인공이다. 첸은 상하이 출신으로 경쟁이 매우 치열한 중국에서 고군분투한 뒤, 좀 더 커다란 세상으로 뛰어들었다. 첸은 대학시절부터 '레전드 오브 젤다' 또는 '디아블로' 같은 유명 게임들과 비슷한 작은 3D 모험 게임을 프로그래밍했다. 또 한 명의 프로그래머인 켈리 산티아고는 버지니아 주 리치몬드에서 자랐으며, 어려서부터 열광적인 비디오 게이머였다. 소프트웨어 엔지니어였던 켈리의 아버지는 켈리가 어렸을 때부터 컴퓨터를 가지고 놀도록 했고, 켈리는 질리도록 컴퓨터를 가지고 실험했다.

첸과 산티아고는 대학을 졸업한 후, 서던캘리포니아대학의 개발 프로그램 과정에서 만났다.

산티아고와 첸을 연결시켜 준 것은, 혁신적인 상품 카테고리를 개발하자는 아이디어였다. 둘은 상식을 완전히 뒤집는 게임을 개발하고자 했다. 새로운 게임 원칙으로 게이머들을 놀라게 할 뿐 아니라, 새로운 방식으로 그들에게 다가가고자 했다. 이런 콘셉트는 지금까지와는 다른 비즈니스 스킬을 요구했다.

"제가 가장 중요하게 생각했던 사항은 감정 탐색이었어요. 배가 고플 때 기분에 따라 선택하는 음식이 달라지는 것처럼요."

첸의 말에 따르면 게임 산업도 비슷했다. 감정의 식료품 산업이라고 할까? 이런 첸의 생각은 동료인 켈리 산티아고와 함께 다양한 감정을 탐구하도록 만들었다.

'게이머들은 게임을 하면서 어떤 감정을 느껴야 할까? 게이머에게 어떤 감정 상태를 열어줄 수 있을까? 지금까지 등한시되어 온 감정은 어떤 것일까?'

첸과 산티아고는 게임 개발에 앞서 질문하며, 그 대답을 게임 개발 작업의 핵심으로 삼았다. 그렇게 개발한 그들만의 게임은 경쟁사 제품들과 전혀 달랐다. 더 나아가 첸과 산티아고의 게임은 세상 어떤 제품과도 비교할 수 없었다. 이들은 앞으로 우리가 어떤 기준으로 상품을 생산해야 하는가에 대한 새로운 방향을 제시해 주었다.

"지난 10년간 대부분의 콘솔 게임 주제는 전능의 환상을 만끽하는 것이었어요. 무엇보다 젊은이들이 좋아하는 감정이죠. 젊은이들은 일상에서 권력도 힘도 없으니까요."

첸은 장년층에게까지 어필하는 게임을 만들기 위해서 더 이상 이런 길을 가서는 안 된다고 확신했다. 그들의 게이머 대상은 전투를 펼치며 열광하는 십대가 아닌, 좀 더 나이든 집단이었기 때문이다. 청소년 시절 총싸움을 하며 동에 번쩍 서에 번쩍 뛰어다니는 게임을 즐겼던 사람들은 이제 어엿한 부모 세대가 되었다. 결국 콘솔 게임에도 성숙 과정이 추가되어야 했다. 텔레비전과 비슷한 다른 매체들은 이미 거쳐 간 과정이지만 게임업계에서는 거의 아무도 관심을 갖고 있지 않았다.

감정의 세계를 끌어안은 세 개의 게임

첸과 산티아고는 서던캘리포니아 프로젝트 그룹에서 맨 처음 '클라우드(Cloud)'를 개발했다. 날고 싶은 인간의 원초적인 소망을 구현한

> 팬들 사이에서 '클라우드'는 '유년기 꿈 시뮬레이션 게임'으로 알려져 있다. 게이머는 날아다니며 구름을 이용해 날씨를 조절한다.

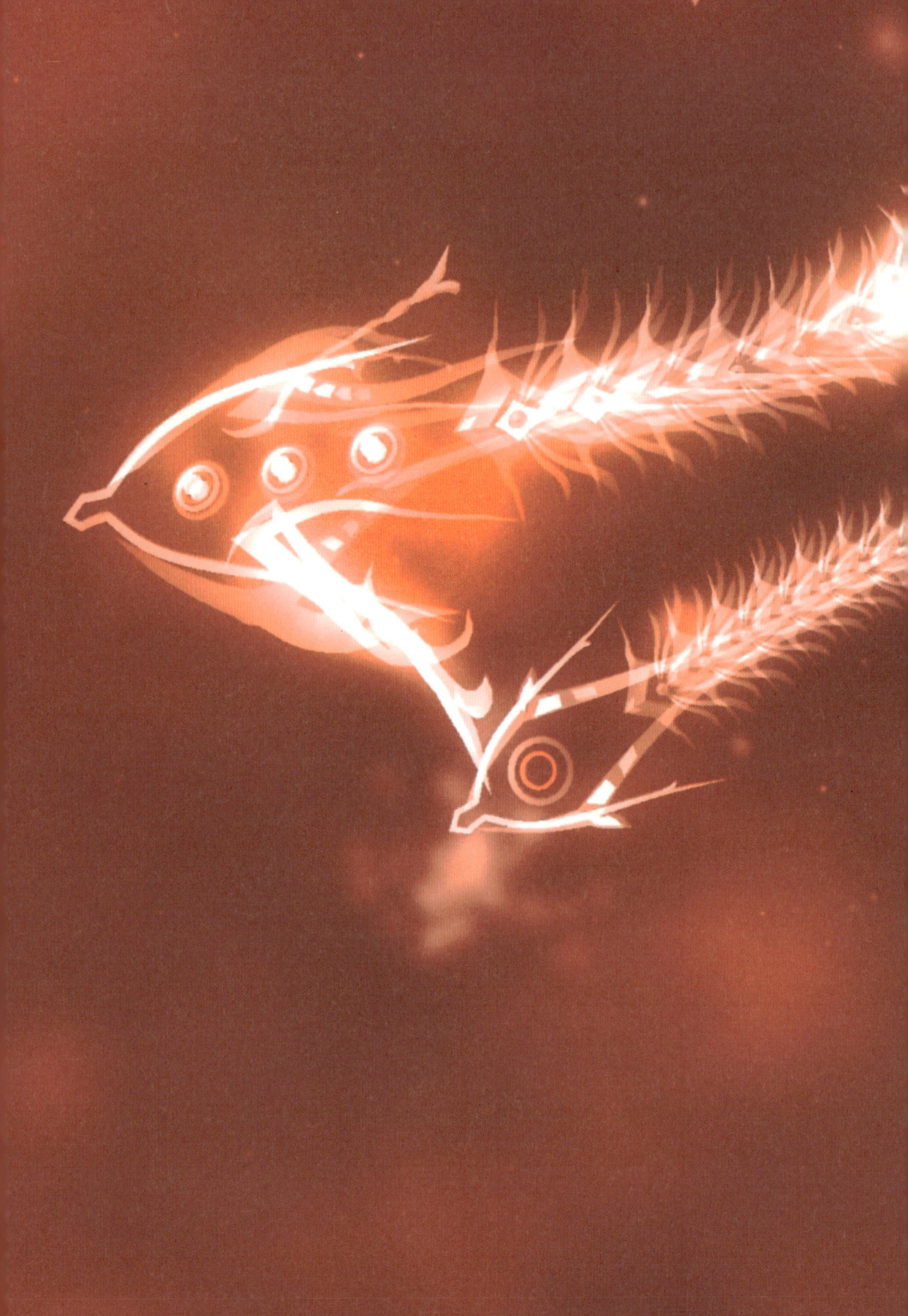

'플로우'는 심리학자 미하이 칙센트미하이가 말하는 '플로우 상태'에서 영감을 얻은 작품으로, 최면적인 소용돌이를 펼치는 게임이다.

'플라워'에서 게이머들은 바람을 조종하여, 황량한 벌판을 꽃이 만발한 들판으로 바꾼다.

게임이었다. '클라우드'는 영화 한 편을 보는 시간, 즉 90분에서 120분이면 게임을 완전히 끝낼 수 있게 되어 있다. 첸과 산티아고가 겨냥한 게이머 그룹들은 게임에 그 이상의 시간을 들일 수 없는 형편이기 때문이다. 또한 집중적인 감정 경험에 그 이상의 시간은 필요하지 않기 때문이다. 그렇게 만든 '클라우드'는 다른 게임들과 확연히 구별되는 독창적인 차별성으로 주목을 받았고, 세 달 만에 5만 건의 다운로드 기록을 세웠다. 대단한 기록이었다.

당시 첸과 산티아고는 이미 다음 프로젝트에 착수해 있었다. 당시 첸은 심리학자 미하이 칙센트미하이의 연구에 매료되어 있었다. 칙센트미하이는 '어떤 활동에 완전히 빠져드는 몰입' 상태를 연구하고 있었는데, 이 상태를 플로우 상태라고 칭했다. 첸은 생각했다. '이런 전제를 게임에 적용할 수 있을까?'

그는 플로우를 대중에게 한 발짝 더 다가갈 수 있게 만드는 이상적인 도구로 보았다. 게임의 난이도가 너무 높으면 게이머들을 좌절시키고, 난이도가 너무 낮으면 게이머들을 시시하게 만들기 때문이다. 성공적으로 판매된 제품들이라 해도 대부분의 게이머들은 그들의 잠재력 모두를 활용하지 못한다. 첸은 자동적으로 스트레스(너무 많은 자극)와 지루함(너무 적은 자극) 사이의 황금 중용을 찾을 수 있는 게임을 구상하기 시작했다. 그 결과, 난이도는 게이머의 개인적인 능력에 따라 자유롭게 바뀔 수 있어야 한다는 결론에 이르렀다.

> '플라워'는 경쟁사 대부분의 게임들처럼 공격성을 뿜어내는 대신, 게이머들을 도파민에 취하게 한다.

첸과 산티아고는 이 콘셉트를 실행에 옮기기로 했다. 그렇게 탄생한 게임이 바로 '플로우(flOw)'다. 이 게임의 과제는 미생물의 진화를 주도하는 것이다. 실제 게임을 해보면, 게임에 관심이 없는 사람도 도저히 벗어나기 힘든 최면적인 소용돌이에 빠져든다.

첸과 산티아고가 개발한 세 개의 게임은 이후 소니와 독점 계약을 맺었다. 댓게임 컴퍼니가 탄생하는 순간이었다. 이 스튜디오는 첫 타이틀로 '플로우'를 플레이 스테이션 3용으로 보완해 출시했다. '플로우'를 PC에서 무료 다운로드 받을 수 있음에도, 이 게임은 70만 번의 유료 다운로드 성과를 거두었다.

또한 '플라워(lower)'는 댓게임 컴퍼니에게 세계적인 명성을 안겨

준 게임이다. '플라워'에서 게이머들은 레벨에 따라 바람을 조종하며, 아름다운 꽃들이 다양한 영역에서 만발하는 풍경을 만들어 낼 수 있다. 이 게임의 특별한 점은 어떤 적도 게이머를 방해하지 않는다는 것, 그리고 시간제한이 전혀 없다는 것이다. 그렇기 때문에 아드레날린 대신 도파민이 분비된다. 대부분의 게임들이 게이머를 격분시키는 과정과는 분명 다른, 정반대의 결과였다.

인간에 대한 질문으로 만든 게임

댓게임 컴퍼니의 또 다른 최신작 '저니(Journey)'는 영화로 말하면 카사블랑카나 전함 포템킨과 비견되는 작품이다. '저니'는 단지 비평가들만 좋아하는 작품이 아닌, 상업적 관점에서도 플레이 스테이션 네트워크의 전 판매 기록을 갱신했다.

댓게임 컴퍼니는 '저니'로 새로운 콘셉트를 시도했다. 전혀 모르는 두 사람이 온라인 게임을 하는 동안 감정적으로 연결될 수 있도록 고안했다.

"게임의 핵심은 사회적 경험이에요. 이 게임은 끈끈한 연대감으로 두 사람 사이의 신뢰관계를 만들어주죠. 저는 온라인 게임에 대한 사회적 시선을 변화시키고 싶었고, '온라인 게임이 무엇을 할 수 있는가'라는 질문에 새로운 대답을 발견하고자 했어요. 대부분의 사람들은 낯선 사람과 게임을 하지 않죠. 이야기도 나누지 않고, 목소리도 듣고 싶어 하지 않아요. 낯선 사람을 좋지 않은 사람으로 여기기 때문이에요. 하지만 저는 그렇지 않다고 생각해요. 모든 사람은 상냥하고 아름다운 면을 가지고 있다고 생각해요. 그런 인간의 좋은 면을 보여주는 게임을 만들고자 했어요."

스튜디오는 3년간 이 작품을 개발하는데 전력했고, 정확히 원하는 게임을 얻었다.

'저니'를 처음 대하면 언뜻 그것이 멀티 게이머 게임이라는 것을 알아채지 못한다. '저니'는 아무것도 없는 사막에서 시작한다. 무한한 모래 언덕만이 지평선까지 펼쳐지고, 멀리 신비로운 빛을 발하는 산이 솟아 있다. 암적색 망토를 입은 모습의 게이머는 바로 그 산

'저니'는 신생 스튜디오 댓게임 컴퍼니의 히트작이다.
'저니'의 성공 비결은 개발 과정에서 새로운 게임 원칙을 수없이 시험했다는 것이다.

게임에서 중요한 것은
사회적 경험이다.
게임의 난수발생 시스템이
게이머들을 섞고,
파트너로 묶어 함께
모험을 시작하게 한다.

'저니'는 몰락한 문명이 남긴 폐허를 비롯한 수많은 미스테리를 준비해 놓고 게이머들을 기다리고 있다.

게임을 인생의 알레고리로 이해할 수 있다. 게임은 초반에 중력의 극복을 마지막에는 모든 힘을 상실하는 것을 보여준다.

으로 가야 한다는 것을 예감한다. 그리고 산으로 가는 길에서 신비로운 폐허를 탐구하게 된다. 그곳에서 상형문자가 전해주는 한 문명의 이기와 몰락을 듣게 되기도 한다.

난수발생 시스템은 게이머를 연결해주는 역할을 하는데, 갑자기 다른 게이머가 나타날 때의 놀라움은 상당하다. 하지만 상대 게이머가 누구인지 전혀 알지 못한다. 교황일 수도 있고 평범한 소시민일 수도 있다. 'catlove2001' 또는 'bee13' 등 다른 게임에서 일반적으로 뜨는 별칭도 뜨지 않는다. 마지막 자막을 통해서야 비로소 게이머는 그가 누구와 여행을 했는지 알게 된다.

"나의 목표는 아무도 정체성을 갖지 않는 세계를 만드는 것이었어요. 모두가 동등한 자격을 갖는 공간을 만들고자 했지요. 소유도 계급도 없는 공간. 사람들을 전혀 선입견 없이 만나게 하고 싶었어요."

그것을 위해 첸은 몇 가지 트릭을 준비했다. 우선 함께 하는 게이머와 말로 의사소통을 할 수 없게 만들었다. 말은 사람을 연결시켜 주기도 하지만 갈라놓기도 한다. 서로 다른 환경은 우정이 생겨나기도 전에 이미 우정을 불가능하게 만들 수 있기 때문이다. '저니'에서는 언어로 의사소통을 하려고 애쓸 필요가 없다. '저니'에서 게이머들이 스스로를 표현할 수 있는 유일한 방법은 묘한 소리를 내는 것이다. 길이와 주파수를 조절할 수 있는 다정한 외침과도 같다. 첸은 "난 타잔이고, 넌 제인이야"라고 말하는 것은 이미 복잡한 상황이라고 보았다.

'저니' 게이머들은 그 콘셉트가 매우 성공적인 즐거움을 선사해 준다는 사실을 직접 경험했다. 게임이 대륙과 대양, 나라를 초월해 그들을 묶어주기 때문이다. 두 거실을 친밀한 하나의 공간으로 녹여주고, 그 가운데 서서히 공동의 모험을 하게 한다. 그보다 더 인간의 본질에 가까울 수는 없을 것이다. '저니'의 이야기는 의미추구와 헌신과 구원을 주제로 한다. 문화와 민족의 경계를 넘어, 인간의 원초적인 것을 건드린 것이다.

"나는 문화를 초월한 내용으로 작업하려 했어요. 보편적으로 통하는 것들을 말하고자 했지요. 클라우드, 플로우, 플라워를 막론하

게임의 마지막에서 '저니'는 종국적인 문제를 다룬다. 바로 의미 추구와 헌신과 구원이다.

제노바 첸 JENOVA CHEN

게임의 **핵심**은
언제나
인간에 대한 **질문**이다.

고 나는 기본적으로 모든 게임에서 그렇게 해요. 테마는 언제나 인간에 대한 질문이죠."

첸은 그런 점에서 지브리나 픽사 같은 커다란 애니메이션 스튜디오와 닮았다. 가족의 가치, 평화, 자유, 사랑, 자연 등 보편적인 내용을 취급하는 점에서 말이다. 이런 내용은 어느 나라에 살든 상관없이 보편적으로 인간에게 닿을 수 있는 테마들이다.

'저니'의 반향은 뜨거웠다. 그런 영향으로 '저니' 게임에서 만난 게이머들이 교류하는 포럼도 생겨났다. 게임의 막바지에 서로를 잃어버렸다고 게임 파트너에게 용서를 구하는 글들도 많다. 한 게임 비평가는 웹 카메라에 대고 쉰 목소리로 "눈시울이 붉어졌어요."라며 더듬거렸다. 게임 포럼에서 가장 많이 볼 수 있는 문장이 "울었어요."라는 말이다. 세계 곳곳의 '저니' 게이머들은 독특한 카타르시스를 경험했다고 보고한다. 베토벤의 교향곡처럼 심금을 울리는 비디오 게임? 그렇다. '저니'는 바로 그런 게임이다.

변화하는 시대
삶의 일부분이 된 게임

고전적인 서술형식은 몇 세기에 걸쳐 발전했다. 때로는 드라마틱하며, 때로는 회화적이고, 때로는 터무니없기도 하다. 반면 디지털 미디어는 아직 사춘기 단계에 있다.

감성 시장에서 디지털 미디어는 지금까지 비교적 미미한 부분만을 담당해 왔다. 하지만 제노바 첸 같은 예술가들은 이런 매체의 발전 가능성을 증명해주었다.

'저니'라는 게임이 디지털 시대의 혼잡함 뒤에 인간다운 경험을 제공해 줄 무언가가 있다는 사실을 예감해 준 것처럼 말이다.

"비디오 게임은 지금까지 사랑과 같은 감정을 불러일으키지 못했어요. 지금은 오히려 그림 자극과 비슷하지요. 재미를 줄 수는 있지만, 환상적인 상태에 이르지 못하고, 더 깊은 감정에 도달하지 못해요. 비디오 게임의 감정은 기본적으로 아직 개발되지 않은 상황입니다. 게임은 상대적으로 젊은 매체이기 때문이죠."

새로운 매체를 개발하는 것은 문화에 위대한 이야기로 남게 될 것이다. 아직은 시작단계에 불과하지만, 새로운 영역이 가진 가능성은 가히 무한한 것이 틀림없다. 이런 새로운 영역에 대한 개발은 여러 가지 방향으로 이어질 텐데, 첸이 보여주듯 감정적 스펙트럼을 확대하는 것도 그에 속한다. 다른 영역에서도 예감하지 못한 것들이 우리를 기다리고 있을지 모른다.

상호교감 원칙은 디지털 예술가들의 작품으로 우리를 점점 더 깊숙이 데려 갈 것이다. 우리는 아직까지 예술작품과 주변 공간을 분리시키는데 익숙하지만 이런 경계가 희미해진다면 어떻게 될까?

게임은 이제 가상공간을 넘어 실제의 세계로 나가고 있다. 디지털 예술은 오페라나 연극과 같은 고전적인 서술 형식과는 달리 추상적인 무대에 국한되지 않는다. 이미 비디오 게임은 중증 우울증 환자들과 사회 부적응 젊은이들의 치료에 투입되고 있지 않은가. 전 세계 양로원에서 노인들은 콘솔 앞에 앉아 닌텐도 리모콘을 들고 가상으로 볼링을 치며 삶의 다른 부분들이 허락하지 않는 행복감을 경험한다. 중요한 것은 게임은 언제 어디에서나 가능하며 삶의 다양한 면들을 부각시키고, 각색하고, 강화시킬 수 있다는 사실이다. 우리는 영혼의 공명체로서 가상공간을 막 발견해 가는 중이며 그 첫 실마리를 몸소 경험하고 있다.

게임은
언제 어디에서나 가능하며
삶의 다양한 면들을
부각, 각색, 강화 시킨다.

KATIE SALEN

케이티 샐런

놀이터로 바뀐 배움의 공간—미래 학습법을 제시하다

케이티 샐런 KATIE SALEN

21세기를 위한 능력

놀이하는 인간, 호모루덴스라는 말은 '놀이는 문화보다 오래되었다.'는 의미를 포함한다. 적당히 경쟁해야 하는 놀이는 인류 모두에게 열정과 흥분을 안겨주는 도구다.

하지만 놀이는 일과 구분되어 인류 속에 자리 잡았다. '일'과 '놀이'는 언제나 서로 다른 공간에서 다른 방식을 해야 한다고 인식되었다.

케이티 샐런은 이러한 '놀이' 개념에 새로운 방향을 제시한 게임 디자이너다. 그녀는 학교와 사회 두 곳 모두에서 게임을 통해 즐거운 학습이 가능하다는 것을 보여주었다. 지금까지 학교가 가르치는 공간에 머물고 있었다면, 이제 새로운 발견과 지식을 스스로 얻는 공간으로 바뀔 수 있음을 증명했다. 샐런은 인생에 있어 가장 중요한 곳이 학교라 믿었다. 그 믿음에서 출발한 그녀의 확신은 게임을 통한 학습 방법으로 이어졌다.

우리나라에도 샐런과 같은 철학을 가진 곳이 있다. 노력 대신 놀력(노는능력)을 추구하는 놀공발전소가 바로 그곳이다. 세상의 모든 것을 놀이로 풀어 가며, 이 세상 모든 것은 놀이가 될 수 있다고 믿는 이들이다. 그곳에서 학습하는 놀이 중에는 '똥주세요'라는 게임이 있다.

케이티 샐런 KATIE SALEN

아이들이 5대영양소와 소화 과정을 배우는 게임이다. 레시피에 따라 색깔 막대기들을 조합해 영양소를 만들고, 이렇게 조합한 영양소를 다섯 종류로 모으는 게임이다. 아이들은 레시피 분해와 조합을 통해 영양소의 종류와 해당 영양소를 많이 가진 식품이 무엇인지 놀이로 학습할 수 있다.

자신이 원하는 조합을 완성시키기 위해 다른 친구들과 교환하고 협상을 하는데, 이 과정이 자기주도 학습으로 이어지게 만들어준다.

케이티 샐런은 이렇게 놀이와 학습의 경계를 무너뜨리는 것이 미래의 교육이라고 믿고 있다.

놀이학교

케이티 샐런은 붉은 머리에 특이한 옷차림을 한 40대 중반의 여성이다. 마치, 나이가 들면서 신중해진 말괄량이 삐삐 같은 모습이다. 그녀는 길에서도 게임을 할 정도로 게임을 좋아하고 잘한다. 젊은 시절 농구선수였던 그녀가 게임 교육자로 직업을 바꾼 이유도 이 같은 게임 사랑 때문이다.

생각해보자. 당신이라면 그녀에게 자녀의 교육을 맡기겠는가? 진지하게 해도 쉽지 않은 공부와 규칙과 질서를 최우선으로 여기는 학교에서 놀이라니.

아이러니하게도 제법 많은 학부모들이 샐런이 운영하는 놀이학교에 자녀들을 보내고 있다. 학부모만 이 학교를 믿어주는 것이 아니다. 빌&멜린다 게이츠재단과 유명한 맥아더재단은 정기적으로 후원금을 보내고 뉴욕시도 명백한 지지를 표하고 있다. 정책담당자들은 끊임없이 미래의 학습과 교육을 어떻게 성공시킬 것인가를 두고 고민하는데 샐런의 놀이학교가 그들이 찾는 적당한 모델이 되어주었다. 그녀는 '학습과정을 어떻게 재미있게 제시할 것인가?',

케이티 샐런 KATIE SALEN

'학교 밖의 세상과는 어떻게 연계시켜줄 것인가?'를 고민했다. 학교가 단지 가르치는 공간이 아닌 발견과 가능성의 공간이기를 바라면서 주입식 수업과 암기식 학습은 하지 않았다. 학교에 대한 편견을 하나씩 무너뜨리는 일환으로 과목의 경계도 허물었다. 놀이의 힘을 과목에 적용시켜 피타고라스의 명제와 플라톤의 이데아론, 피츠제럴드의 "위대한 개츠비"를 가르쳤다. 학생들은 놀이를 통해 협동하는 능력, 총체적으로 사고하는 능력, 실수하고, 적극적으로 참여하는 것을 배웠다. 이 항목들은 21세기에 특히나 중요한 능력들이다. 이내 놀이학교의 교실은 더 이상 보통의 교실이 아닌 아이들의 방이나 놀이터가 되었다. 샐런은 어떻게 그런 아이디어를 생각해냈을까?

그녀는 텍사스대학교에서 게임 디자인의 기본 강의를 준비하면서 얻게 된 아이디어라고 했다.

"학습 내용에 대한 게임을 개발하면서 대학생들이 게임을 통해 얻은 정보를 매우 잘 포착해낸다는 사실을 알고 놀랐어요. 게다가 교육계에 게임을 학습의 수단으로 보는 사람들이 있다는 걸 알게 됐죠. 게임의 기능방식과 성공적인 학습 사이에는 분명한 연관이 있었습니다. 전 게임 디자이너로써 이론을 현실에 접목시키는 것을 무엇보다 중요하게 생각했죠. 디지털 미디어와 학습, 그리고 게임을 어떻게 조화시키느냐가 도전과제였습니다."

그녀는 게임과 학습 사이의 연관성을 연구하기 위해 '게임연구소'라는 학술센터를 설립했다. 교육학자 로버트 토레스를 중심으로 게임 전문가팀, 교육 전문가팀으로 나뉜 그들은 2년간 학교운영프로그램을 실험했고 결과는 성공적이었다. 놀이학교는 개교 4년째를 맞아 6학년에서 9학년까지 운영되고 있다. 학교는 학생들과 함께 지속적으로 성장 중이며, 현재 아이들이 12학년 학생이 될 때까지 매년 한 학년씩 더 늘려나갈 계획이다.

놀이학교(Quest2Learn) 교실에서는 디지털 게임뿐 아니라, 클래식한 게임들도 활용되고 있다. 학생들은 다른 학교 학생들이 배우는 것과 동일한 내용을 게임으로 배우게 된다.

게임: 쓸데없는 시간에서 유용한 시간으로

부모들은 매일 컴퓨터 앞에 앉아 있는 아이들에게 '얼마나 더 할 생

공동으로 게임을
개발하는 활동은
협동능력, 과제를
창조적인 방식으로
해결하는 능력,
체계적인 사고,
공감능력 등 21세기에
중요한 능력들을
신장시켜준다.

놀이학교의 학습에는 신체활동이 포함된다. 학생들은 전신을 활용해 모션 캡처 카메라와 프로젝터, 무선 콘트롤러가 어우러진 게임에 참여한다.

<u>스스로</u> 개발한
실험도구로 물리학의
기본 원칙을 습득한다.

PART 2 인간을 더 이롭게, 세상을 더 풍족하게

각이니?'라고 묻는다. 그만큼 대부분의 아이들은 온라인 게임에 많은 시간을 할애한다. 이런 상황은 종종 부모들을 불쾌하게 만든다. 그만큼 공부하는 시간이 줄기 때문이다. 사실 과도한 게임은 비만, 우울증, 디지털 치매 등을 일으키고, 폭력적인 게임은 아이가 보이는 공격적인 행동의 원인으로 지적되기도 한다. 하지만 게임을 기본적으로 학습하는 사람들은 다르게 생각한다. 게임이 전적으로 좋은 것은 아니지만 게임을 통해 게이머들은 광범위한 세계를 만날 수 있기 때문이다.

예를 들어 '시빌라이제이션(civilization)●' 같은 게임에서 주인공을 석기 시대부터 은하 여행까지 인도해 보았거나, '스포어(spore)●●'에서 전 진화과정을 따라가 본 사람은 게임이 두뇌활동에 엄청난 영향을 끼친다는 사실을 알게 된다.

학자들 역시 게임과 비교했을 때 전통적인 수업방식이 학생들의 흥미를 끌어내기에 적절하지 않다는데 동의했다. 바로 이 점이 샐런과 교육전문가들의 연구방향이었다.

또 게임은 게이머를 계속해서 새로운 도전 앞에 내세운다. 성공적으로 도전을 마치면 도파민이란 성분이 분비돼 두뇌에 뭔가 배울 것이 있다는 신호를 준다. 행복 호르몬으로 불리는 도파민은 동기부여도 하고 기억력을 높이는 일을 하는 중요한 신경전달물질 중 하나다. 결국 게임모드에 있는 사람은 초콜릿 아이스크림을 먹을 때처럼 정보를 즐겁게 흡수하고, 소화된 내용을 오래오래 기억하게 된다. 샐런은 이런 과정 속에서 아이들이 저절로 연구자가 된다고 말한다. 게임의 패턴과 규칙을 탐구하며 전략가가 되는 것이다.

"아이들에게서 관심을 끌어내려면 지식 욕구를 자극해줘야 합니다. 게임을 생각해보세요. 게이머들은 자원이나 정보와 같은 도구

> 학습활동이 끝나면 학생들은 배운 것을 이용해 복잡한 도전을 마스터해야 한다. 이런 시험은 비디오 게임 용어를 차용해 '보스 레벨'이라 불린다. 일반적인 학교 시험과 달리 이 시험은 재미나기까지 하다.

● 시빌라이제이션: 고대 문명에서부터 현재 컴퓨터공학에 이르기까지 학문적 변천과정을 조직적으로 구현해 낸 오락용 게임을 말한다.
●● 스포어: 세포로부터 시작해 생물체가 탄생하고 결국 문명을 창조한다는 '진화'를 소재로 한 게임을 말한다.

를 찾아내야 하는데 이것들은 숨어 있습니다. 게이머들은 힘들게 싸우거나, 앞으로 나가면서 도구를 얻어야 하죠. 바로, 이 점이 학습과 맞닿아 있습니다. 문제를 해결해야 하는 상황이죠. 이건 십진법 계산을 배우기 위해 수학책 13단원을 펴는 일반적인 학습과는 전혀 다른 학습이지요."

인생의 선장이 되기 위해

교사들은 게임 디자이너들과 함께 환상적인 수업을 생각해내야 했다. 놀이학교에서 진행되는 모든 활동은 게임에서 가져왔는데 그 중 하나가 점수를 받는 대신 게임에서처럼 전문가 단계로 올라가는 형식이다. A에서 E까지 일반적인 점수 대신 초보 전 단계(pre-novice), 초보단계(novice), 견습단계(apprentice), 상급단계(senior), 마스터단계(master)라는 명칭이 사용된다.

각각의 과목을 따로 배우고 이수해야 하는 다른 학교와는 다르게 놀이학교 학생들은 영어와 수학을 동시에 배운다. 이것은 기호세계(Codeworlds)●처럼 통합적인 활동을 말한다. 예를 들어 인터넷을 통해 다른 행성에 사는 생물과 의사소통을 할 수 있는데 이때 학생들은 그 생물체와 소통하면서 영어를 배우고, 생물체가 준 수학 문제를 풀게 된다.

'세상 모든 것들의 작동 원리(The Way Things Work)'라는 과목은 학생들의 연구 욕구를 특히나 북돋운다. 이 과목에서 아이들은 인체 속에서 길을 잃은 괴짜 학자를 도와줘야 한다. 괴짜 학자는 체내 기관들을 여행하면서 알게 된 지식들을 학문연구소로 전달해야 하는 임무를 갖고 있는데 학생들이 조력자로 나서게 된다. 이 과정을 통해 학생들은 어렵고 지루한 생물 수업을 즐겁고 재밌게 받아들인다. 그렇게 학생들은 '여행'이라는 가상모험을 통해 인체에 대한 지식을 얻고, 각 단계별 도전도 마스터한다.

● 기호세계: 과목 간의 결합을 통해 새로운 교육 시스템을 적용한 영어와 수학의 결합 수업을 말한다.

학습이 이루어지는 원칙은 20세기 초, 미국 철학자이자 교육학자인 존 듀이가 처음으로 제창한 문제해결학습(problem based learning, PBL)과 비슷하다. 문제해결학습은 여느 경우처럼 교사가 앞에서 모두 가르쳐주지 않고 동료처럼 행동한다. 아이들이 스스로 발견하고 만들고 협력하도록 고민하는 조력자로 만드는 과정이다. 이렇게 아이들을 교육하는 이유는 간단하다. 언젠가 아이들 모두는 스스로 책임질 줄 아는 젊은이가 되어 자기 인생의 선장으로 학교 문을 나서야 하기 때문이다.

21세기는
어떤 능력을 필요로 할까?

놀이학교는 어떤 목적으로 설립된 것일까? 샐런은 이 질문을 이렇게 바꾸었다. '디지털시대에 어떤 능력을 획득해야 성공적인 삶을 살 수 있을까?'

샐런은 이것이 전통적인 학습목표를 모두 포기하는 것이 아니라고 말한다.

"내용은 학생들이 알아야 하는 것들에 기반하고 있습니다. 수학, 영어, 역사, 사회학, 예술에서 시작하지요. 하지만 결코 거기서 끝나지 않습니다. 21세기를 살아가는 학생들에게 중요하다고 생각되는 것들이 있습니다. 예를 들어 학생들은 서로 협동해 복잡한 문제를 해결할 줄 알아야 하지요. 코앞에 들이댄 문제를 푸는 것에만 만족하면 안 됩니다. 우선적으로 무엇이 문제인지 정확하게 파악하는 것이 중요하죠."

놀이학교의 학생들은 게임을 개발하고 이해하고 실행하면서, 패턴을 익히고 역동적인 사고훈련을 하게 된다.

"학생들에게 체계적인 사고는 특정 상황이나 문제에 얼마나 많은 요소들이 함께 작용하는지를 파악하게 합니다. 한 가지 일을 다양한 관점에서 보는 능력이 이에 해당하죠."

이런 교육 철학이 정말 통할까?

실제로 놀이학교에서의 학습은 검증을 거치고 있다. 미국의 교

케이티 샐런 KATIE SALEN

게임 모드에 있는 사람은
초콜릿 아이스크림을
먹을 때처럼 맛있게
정보를 **흡수한다.**

육 제도는 많은 시험을 치르고, 결과에 따라 학교를 비교할 수 있게 되어 있다. 그 결과에 따르면 놀이학교의 학업 성취도는 평균 이상으로 나왔다. 최근 도시 전체 학교를 대상으로 치른 수학 올림피아드에서도 놀이학교 학생들은 좋은 성적을 냈다. 따라서 놀이학교는 특별한 학습 방법을 활용해 국가가 정해준 학습 요구 사항을 모두 충족시키고 있음이 증명된 셈이다. 똑같은 내용을 더 의욕적으로 학습시키고, 부수적으로는 다른 능력들도 키워주면서 말이다.

게임으로 새롭게 창조되는 현실

"우리 학교는 도전 중심으로 되어 있습니다. 학생들은 통합 과목을 통해 복합적인 문제에 대처하는 법을 배우죠. 흥분되는 것은, 게임이 학생들의 창의력을 향상시킨다는 점입니다. 학생들은 무에서 유를 만들어내는 디자이너처럼 사고하는 법을 배우지요."

학생들은 자신의 게임을 개발하는데 많은 시간을 보낸다. 때로는 마분지와 접착테이프를 가지고 보드 게임을 만들고, 때로는 컴퓨터 게임을 고안하기도 한다. 중요한 것은 어떤 형식의 게임이든 적절한 게임 규칙을 토대로 역동적인 시스템을 개발하는 것이다. 학생들은 게임을 디자인하는 과정에서 영어, 수학, 미술 등과 같은 다양한 능력을 발휘해야 한다. 또한 감정이입능력도 동원해야 한다. 놀이 수단으로 친구들을 어떻게 사로잡고, 참여시키고, 열광하게 할 수 있는지 이 과정을 통해 배우게 된다.

장차 학생들이 나가게 될 세계는 커다란 도전이 많은 곳임에 틀림없다. 고령화 사회든 새로운 경제위기든 오늘날 알지 못하는 새로운 문제에 봉착하든 미래의 성인들은 그런 상황이 발생한 이유를 분석해야 한다. 또한 더 좋은 결과로 발전될 모델을 개발할 수 있어야 한다. 이런 교육적 철학이 놀이학교의 비전이며 미래 사회에서 환영받을 수 있는 인재로 만드는 과정이다.

케이티 샐런 KATIE SALEN

실수의 가치 & 팀의 중요성

게임 디자인은 기본적으로 건축가의 일과 비슷하다. 건축가가 건물을 설계할 때 인간과 환경의 다양한 요구를 고려하듯, 놀이학교에서 게임을 만들 때도 설계 단계에서 많은 점들을 염두에 둔다. 모델을 제시하고 실행해보고 다시 버리고 새로 개발한다. 그 과정에서 학생들은 미래에 유연하게 대처하는 능력을 갖게 되는데 무조건 결과만이 중요한 것이 아니라, 끊임없이 대안과 가능성을 추구하는 것 자체가 가치 있는 목표라는 것을 알게 된다.

"많은 학교에서는 문제에 대한 답이 보통 하나밖에 없습니다. 학생들은 하나의 답을 찾아내려고 애쓸 뿐이죠. 하지만 이곳 학생들은 게임을 통해 다양한 답을 예상합니다. 실패를 긍정적인 가치로 만드는 거죠."

경험상 우리는 학업과 관련된 실수가 얼마나 사람을 의기소침하게 만드는지 잘 알고 있다. 실수에 대한 두려움이 학습을 방해하고, 최악의 경우 학습과는 영영 이별을 하게 만든다. 그러나 게임을 할 때는 그렇지 않다. 게임에서는 실수를 하는 것도 즐거운 게임의 일부가 된다.

기본적으로 게임은 인내심을 길러준다. 해결해야 하는 문제 앞에서 어떤 아이디어가 좋은 해결책이 될지 고민하고, 그 과정을 통해 정보를 수집한다. 그리고 판단 결과를 기회로 만들어 목표한 것을 얻는다. 바로 이 과정을 통해 학생들은 의지를 키울 수 있고, 실수는 일어나지 말아야 할 '사건'이 아니라 꼭 필요한 '과정'이라는 것을 알게 된다.

분석 기하학의 기본을 가르쳐주는 게임에서도 마찬가지다. 한 레벨씩 마스터하며 학생들은 실력을 키우는데 여기서 협동을 배우게 된다. 샐런은 게임을 통해 어떤 문제든 팀을 이루어, 일을 나누고 서로 돕게 만들었다. 새로운 프로젝트에서 '누가 세트 디자이너를 맡을 것인가? 누가 작가가 될 것인가? 누가 감독을 맡을 것인가?'와 같은 역할 분배는 학생들에게 그들이 아는 것을 나눌 수 있도록, 아니 나누지 않으면 게임 진행이 되지 않도록 만들었다.

"학생들은 특정한 것을 어떻게 만들어야 할지 서로서로 가르쳐 줍니다. 적절한 전문지식을 교사나 책에서 구할 수 있을 뿐 아니라, 친구들에게서도 구할 수 있다는 걸 알고 있으니까요."

지금까지 학교는 지식을 개인적으로 습득한 것에 대해서는 보상했지만, 지식을 나누고 공유하는 것에 대해서는 보상하지 않았다. 학생들은 용이 보물을 지키듯 자신의 지식을 지키려고 애썼고, 시험 때가 되면 이런 상황이 두드러지게 나타났다.

협동하는 능력은 앞으로 더 중요한 노동의 기본 조건이 될 것이다. 그렇기 때문에 팀을 이뤄 협동하는 것은 까다로운 도전이기는 하나 결코 간과해서는 안 되는 문제다.

게임은
더 이상 피난처가 아니다

놀이학교는 '진지한 삶'을 준비하는 학교다. 여기서 진지함이란 엄격함, 훈련, 질서의 세계를 의미하는 것이 아니라 놀이의 진지함을 말한다. 즉 열광적으로 실험을 하고 헌신적으로 창작하는 것이다. 이로써 교육은 생동감 있고 창조적인 힘을 갖게 된다. 미술, 연극, 음악등과 같은 예술 분야처럼 말이다.

놀이의 엄청난 잠재력은 경제 분야에서도 그 힘을 발휘하고 있다. 경쟁적인 시장에서 어떻게 살아남을지, 최상의 것을 만들기 위해 어떤 환경을 만들어야 하는지, 기업들은 이런 질문에 압박을 받고 있다. 구글과 픽사 같은 기업은 놀이의 중요성을 깨닫고 직원들이 취향대로 각자의 아이디어를 갖고 노는 것을 장려하고 있다. 재밌고 즐겁고 열정적으로 일할 때 업무성과가 좋다는 점을 적극 활용한 경우다.

하지만 많은 기업들은 19세기의 기업심장을 아직 버리지 못하고 있다. 엄격한 계산, 조직의 체계, 예외가 없는 계획 등이 기업 문화의 주된 가치관이라고 여전히 생각하고 있다.

우리는 시대 전환기에 서 있다. 이제 게임은 더 이상 오락이라는 도피처로서 고상한 일과 대립되는 것으로만 보면 안 된다. 놀이를 중요하게 생각하는 사람은 일의 과정, 함께 무언가를 만들어 가는 것에 관심을 갖고 있다. 이것은 조직의 기초에 해당한다고 볼 수 있다. 바로 이런 이유들 때문에 앞으로 우리는 놀이능력을 키워야 한다. 다시 말해, 놀이능력은 21세기의 주된 능력이 될 것이다.

실수는
일어나지 말아야 할
'사건'이 아니라
꼭 필요한 **'과정'**이다.

YAW ANOKWA

요 애노콰

아프리카에 만들어진 가상공간이 세계 발전을 도모하다

요 애노콰 YAW ANOKWA

미래의 운영체제

아프리카가 연결되고 있다. 통신의 발전 속도가 급격하다보니 유선 인프라 단계를 건너뛰고 무선통신의 인프라가 구축되고 있다. 그 위에 휴대폰을 기반으로 한 거대 통신망이 연결되고 있다.

2007년, 케냐 선거 당시 언론 통제로 인한 집단 폭행 사건이 있었다. 하지만 언론은 이 사실을 제대로 보도하지 않았다. 당시 선거는 명백한 부정선거였고 시민에게 이 사실을 알려야 했던 지각 있는 많은 사람들은 대안을 찾고자 뛰어다녔다. 이때 우샤히디라는 웹 커뮤니티 매핑 서비스가 시작되었다. 커뮤니티 매핑이란 정보를 실시간으로 수집, 등록하고, 위치 기반 정보를 활용해 문제를 해결하는 과정을 말한다. 많은 사람들이 인터넷으로 세계 어디에서 어떤 폭력 사태, 재해가 발생했는지 파악할 수 있었다. 이후 우샤히디는 오픈 소스로 공개되어 2010년 아이티 대지진 당시에도 큰 역할을 했다.

지금은 이런 소스가 스마트폰을 통해 이루어지고 있다. 놀라운 것은 현재 아프리카 인구의 50퍼센트가 스마트폰을 통해 온라인에 접속을 하고 있다는 사실이다.

정보과학자 요 애노콰는 전 세계에서 벌어지는 이러한 커다란 문제들을 해결할 수 있는 새로운 방법을 제안한 사람이다. 스마트폰으로 텍스트, 사진, 비디오, 위치 정보 등을 수집하여 활용할 수 있는 오픈데이터키트를 공개하는 것으로 그 일은 시작되었다. 이 오픈 소스는 전 세계 어디서나 일의 진행 방식을 혁신적으로 변화시킬 수 있게 만들었다. 또한 일의 효율과 성과를 극대화할 수 있는 소프트웨어였다.

어쩌면 제2의 구글, 페이스북, 트위터를 탄생시킬지 모르는 다양한 경험이 지금 아프리카 주민들에게 쌓여 가고 있다.

경계를 허물어버린 기크들

정보과학자 요 애노콰는 5년간의 연구 끝에 컴퓨터 사이언스로 박사 학위를 받았다. 그의 논문 제목은 '저소득 지역에서 임상적 결정 서포트 개선하기(Improving Clinical Decision Support in Low-Income Regions)'다. 학술적으로 들리는 이 제목 안에는 이제 막 세계를 바꾸기 시작한 기술이 담겨 있다.

그 기술은 ODK(Open Data Kit, 오픈데이터키트)라 불리는 오픈 소스 소프트웨어 도구 팩으로, 게타노 보리엘로 교수, 요 애노콰, 그의 동창생 칼 하르퉁이 함께 개발한 것이다.

오픈데이터키트의 가장 큰 장점은 스마트폰 앱을 쉽게 만들 수 있다는 점이다. 기업이나 연구소 조직에서 별도로 프로그래머를 고용하지 않아도 오픈데이터키트만을 이용해 쉽게 스마트폰 앱을 만들 수 있다. 프로젝트 진행비용도 절감될 뿐만 아니라 개발 시간도 단축시킬 수 있다. 특히 데이터를 수집하고 분류하는 성능이 매우 뛰어나다는 평가를 받았다. 바로 이 점 때문에 요 애노콰는 세상의 한 부분을 바꾸는 데 결정적인 역할을 했다는 평가를 받았다.

애노콰는 박사과정에 있을 때 구호단체인 파트너스인헬스(Partners In Health)를 통해 르완다에서 6개월간 자원봉사를 한 적이 있다. 그곳에서 그는 HIV와 결핵 환자를 파악하고 질병을 관리하는 시스템을 대폭 개선하는 일을 하게 되었다. 당시 그곳 지역의 건강 상태를 파악하기 위해서는 개발 도우미들이 집집마다 방문해 환자의 상태를 일일이 손으로 적어 수집해야 했다. 그러다 보니 집계에 오류가 생기고 데이터가 도착하기까지 상당한 시간이 걸렸다. 정보를 분석하고 데이터뱅크에 입력하기까지 거의 몇 개월이 소요되었다. 이처럼 최종 데이터를 파악하는 데 오랜 시일이 걸리다 보니 진단과 관리 자체가 힘든 건 당연한 일이었다. 하지만 마땅한 대안이 없었기 때문에 이 방식은 계속 되풀이됐다. 결과적으로 환자들의 건강관리는 지지부진할 수밖에 없었다.

아프리카의 정보망

애노콰는 스마트폰을 이용해 이런 상황을 개선할 수 있지 않을까 생각했다.

"개발도상국에 마침 기술 붐이 일고 있었어요. 아프리카 주민 모두가 핸드폰을 가지고 있는 건 아니었지만 시골에서도 모바일 전파는 수신되고 있었죠."

실생활에서는 활용되고 있지 않았지만 데이터팩을 인터넷이나 문자로 보낼 수 있는 환경이 아프리카에 조성되어 있었다. 결국 애노콰는 현장에서 일하는 사람들이 환자들의 데이터를 수집할 수 있을 뿐 아니라 미리 정해진 정보들로 데이터를 보완하게 하는 소프트웨어를 만들어냈다. 단추를 누르면 GPS 좌표를 추가할 수 있고 환자들의 사진이나 음성을 올릴 수도 있게 말이다. 이제 의사들은 르완다 환자들의 발진 사진을 찍을 수 있고, 기침 소리를 녹음할 수 있으며, 서식의 도움을 받아 진단을 할 수 있게 되었다.

애노콰는 덧붙여 다음과 같이 말했다.

"상대가 여성인 경우 의료 서식은 자동적으로 임신 여부를 파악하게 됩니다. 남자 환자인 경우는 그런 질문에 대답할 필요가 없고요. 일련의 증상을 열거하면 서식이 단계별로 의료적 진단을 할 수 있게 하죠. 현지에 그런 질병을 치료할 사람이 없는 경우에는 장착된 멀티미디어 요소가 그 병을 치료하는 법을 보여줍니다."

제3세계를 위한 오픈 소스

워싱턴 대학으로 돌아온 애노콰는 오픈데이터키트를 계속 개발해 다방면으로 응용하고 싶었다.

"정보과학자로서 흥분되는 순간은 바로 이럴 때예요. 구체적으로 응용할 수 있는 예를 찾고 나면 더 추상적이고 일반적인 경우에 대해 생각할 수 있거든요. 사실 오픈데이터키트를 개발하기 전에 데이터 수집을 위한 다른 플랫폼들을 살펴봤죠. 그런데 하나같이 활용 폭이 매우 좁다는 약점이 있었습니다. 농사, 의학, 인권 감시 시스템들이 그랬어요. 우리는 여러 가지 시나리오 안에서 다양하게 기능할 수 있는 소프트웨어를 만들고자 했습니다."

기본적으로 오픈데이터키트는 스마트폰으로 텍스트, 사진, 비디오, 오디오, 지리적 좌표를 수집할 수 있다. 그렇게 수집된 정보를 연결하고 교환할 수 있는 앱이 바로 오픈데이터키트다. 중요한 것은 오픈데이터키트가 처음부터 오픈 소스 소프트웨어(open source software: 공개 소프트웨어)로 구상되었다는 점이다. 현재 브랜드들은 설치할 수 있는 소프트웨어가 각기 다르게 개발되고 있다. 하지만 오픈 소스는 어디에나 설치 가능하며 누구나 사용할 수 있다. 그 기능은 완전히 새로운 길을 열어주었다. 실제로 오픈데이터키트를 사용해 데이터를 수집하고 처리하는 사람들은 레고처럼 쉽고 간편하게 다뤘다. 그리고 많은 기업과 조직의 예에서도 알 수 있듯, 오픈데이터키트의 사용은 주목할 만한 결과들을 내놓고 있다.

테스트 지역, 우간다

오픈데이터키트의 장점을 알아본 첫 구호단체는 워싱턴 D.C.에 본부를 둔 그라민 재단(Grameen Foundation)이었다. 그라민 재단은 이

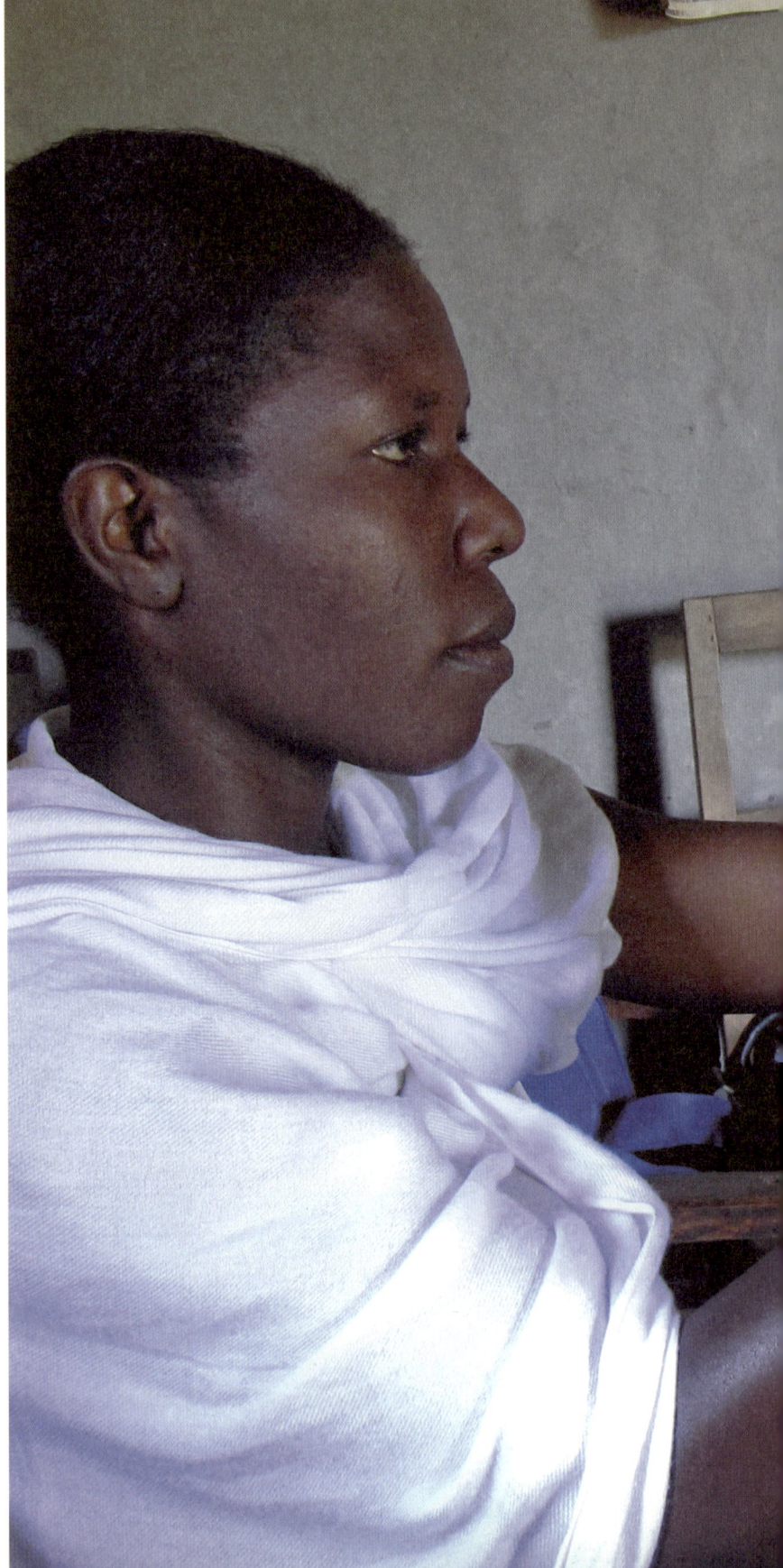

오픈데이터키트는 많은
기업과 조직의 일을
단순화한다.

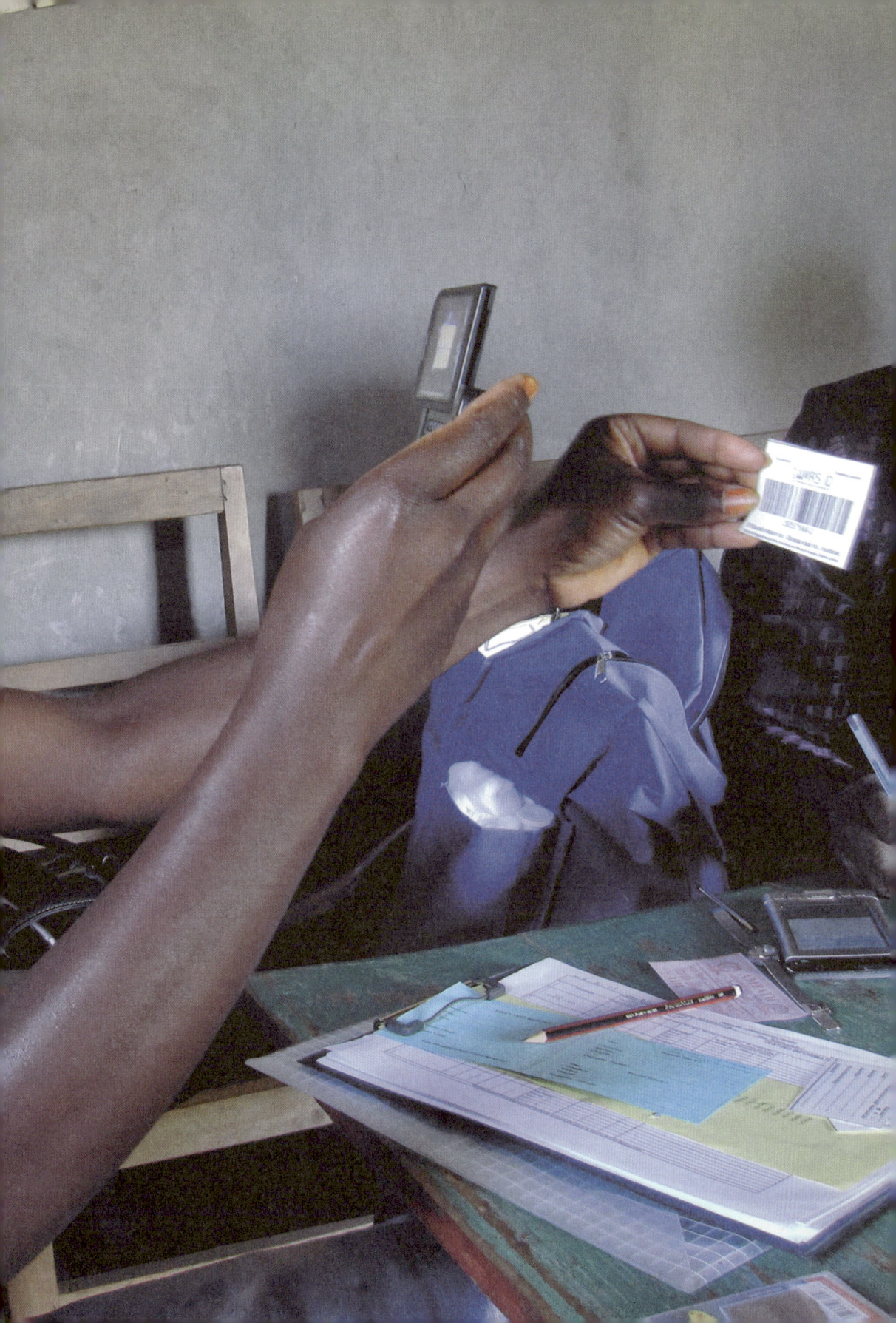

것을 보고 우간다 농부들을 떠올렸다. 우간다 농부들이 쉽고 빠르게 농사 지식을 얻을 수 있겠다고 생각한 것이다.

아프리카의 농부들은 옥수수가 죽어갈 때 도움의 손길이 닿을 때까지 기다릴 시간이 없다. 농업 분야의 서비스는 존재하지만 만성적으로 인력이 부족하기 때문이다. 또한 재정 상태가 좋지 않기 때문에 필요한 개발 도우미를 충원할 수도 없다. 다행히 그 지역도 휴대 전화망이 거의 100퍼센트 구축되어 있다. 그라민 재단은 이를 통해 스마트폰으로 무장한 중계자들이 농부들에게 정보를 줄 수 있을 거라 생각했다.

결국 오픈데이터키트를 기본으로 한 두 개의 스마트폰 어플이 우간다에서 테스트되었다. 하나는 농부들로부터 지리적 위치를 포함한 정보를 수집하고, 다른 하나는 농부들이 활용할 수 있는 농업 전문 지식을 제공했다. 그라민 재단은 원활한 의사소통을 위해 마을 공동체 내부에서 커뮤니티 리더(Community Knowledge Worker)를 선정해 적절한 스마트폰을 지급했다. 이제 그들은 농부들의 질문과 그 질문에 대한 적절한 답을 주는 농업 데이터뱅크 사이에 있다.

이 시스템은 농부들에게 정보를 제공할 뿐 아니라 서비스 제공의 효율성을 점검하는 토대가 되었다. 예를 들어 '어떤 지역이 더 많은 자원을 필요로 하는가?', '이 마을에 어떤 영양 정보를 제공하는 것이 중요한가?', '홍수 또는 가뭄에 강한 식물은 어떤 경작지에 더 적합한가?'와 같은 데이터다. 그라민 재단은 피드백 채널을 통한 데이터 덕분에 현지 사정을 정확히 파악하고 그에 맞춰 공급을 조정할 수 있게 되었다.

오픈데이터키트를 베이스로 일하는 조직과 기업은 점점 늘어나고 있다. 그리고 이들 모두 공감한 사실은 아프리카에서는 현장이 정말 중요하다는 것이다. 제아무리 뛰어난 지식을 갖고 있어도 아프리카라는 대륙은 그것만으로 극복이 불가능한 곳이다. 또한 기술만으로 해결이 되지 않는 문제들도 생겨난다.

"아프리카에서 작은 기업을 시작하려면 10~15개의 관청에서 신청서를 요구해요. 어떤 관청에 서류 하나를 제출하면 그 관청에서는 또 다른 관청으로 가라고 하지요. 이렇게 이리저리 끌려다니다보면 공무원에게 뇌물을 주어야 하는 일은 거의 다반사고요. 이곳에서 기업을 하려는 사람은 모두 같은 절차를 거치게 됩니다. 투쟁해야 하는 문제죠. 기술적인 문제라기보다 시스템과 관습상의 문제라고 봐야죠. 단기간에 해결하긴 어려울 겁니다. 그렇기 때문에 현지에 가서 그곳의 상황을 이해하는 것이 중요합니다. 그래야 앞으로 나갈 수 있습니다. 이곳에서 성공하는 대부분의 조직은 이곳의 문화를 받아들이고 이해하는 창립자나 구성원들을 가진 조직입니다."

아프리카는 지금, 접속 중

이제 오픈데이터키트는 아프리카의 많은 지역에서 활용되며 디지털 변혁 과정의 일부가 되고 있다. 그동안 아프리카는 모든 면에서 부족한 대륙으로 인식되어 왔다. 병원, 도로, 전기, 수도 등의 사회 기반 시설이 턱없이 부족한, 한마디로 인프라의 거대한 사막으로 비춰져 왔다.

하지만 아프리카는 현재 발전을 거듭하는 중이므로 저개발 후진국이라는 고정된 이미지는 더 이상 어울리지 않는다. 특히 무선통신 기술이 폭발적으로 성장하고 있는데, 이 기술은 다른 어떤 기술보다 삶의 영역을 획기적으로 바꿔 가고 있다.

예를 들어 서구에서는 현금에서 모바일 화폐 또는 모바일 결제로 옮겨 가는 과정이 매우 조심스러웠다. 반면 아프리카에서는 다양한 결제 방식이 활용되고 있어 오히려 현금을 사용하는 것이 구식처럼 보이기도 한다. 엠페사(M-PESA: 아프리카 케냐에서 성공한 모바일 현금 거래 서비스)로 현금이나 정규 계좌 없이도 물건을 구입할 수 있으며, 엠숍(M-Shop)으로는 영화, 이벤트, 버스, 비행기 티켓 값을 치를 수 있다. 엘마(Elma)는 디지털 화폐, 온라인뱅크 및 신용카드 기능을 하며, 주식과 외환을 거래할 수 있고 월급도 받을 수 있다. 이 모두는 실리콘밸리가 아니라 나이로비에서 만들어진 것들이다.

나이로비는 눈에 띄지 않게 이런 발전을 주도하고 있다. 아이허브(iHub)라는 이름으로 유명해진 나이로비의 해커스페이스

오픈데이터키트에는 프로그램뿐 아니라 르완다에서 축적한 애노콰의 경험이 녹아 있다.

요 애노콰 YAW ANOKWA

제2의 페이스북, 구글, 트위터가
아프리카에서 나올 확률은
세계 어느 대륙에도 뒤지지 않는다.

(hackerspace)는 전설적이다. 기술자, 프로그래머, 웹디자이너, 앱 개발자들이 모여 프로젝트와 기업 창업을 구상하는 아이허브는 중요한 하이테크 인큐베이터라 할 수 있다. 노키아, 마이크로소프트, 구글 같은 대기업들이 아이허브와 긴밀한 관계를 맺고 있다는 사실은 더 이상 놀랄 일이 아니다. 아이허브 관련 행사와 이곳의 구성원들이 지역 커뮤니티를 먹여 살리고 있다.

이미 아이허브에서 수많은 기술 관련 스타트업 기업들이 배출되었는데, 그중에서 아키라식스(AkiraChix)는 여성 기술자들을 위한 멘토 프로그램과 교육 서비스를 제공하고 있으며 많은 행사와 콘퍼런스를 지원하는 기업이다. 특히 무선 부문은 엄청난 속도로 성장하고 있어 아이허브는 중요한 것들만 독점 관리하는 자매기업도 설립했다.

이렇듯 많은 스타트업 기업들이 무선 통신 시장을 위한 앱 개발에 집중하고 있다. 개발도상국 주민들도 스마트폰을 이용해 인터넷과 연결될 수 있다는 사실이 분명해 지고 있기 때문이다. 이미 아프리카의 절반은 스마트폰을 통해 온라인 접속이 가능하며, 특히 케냐는 다른 아프리카 국가들에 비해 뛰어난 스마트폰 환경을 갖고 있다.

케냐에서 그러한 기술적 발전이 가능했던 이유는 무엇일까? 그 이유는 바로 케냐의 정치에 있다. 캐냐는 무선통신 시장발전을 위한 탁월한 환경적 조건을 정치적 소용돌이 속에서 마련했다. 일찍이 케냐는 원격 커뮤니케이션 독점권을 없애고 시장을 개방했다. 아프리카의 다른 나라들과 달리 인터넷 인프라를 확장해 간 것이다. 이 같은 웹 사랑 덕분에 케냐는 실리콘 사바나라는 애칭을 얻기도 했다.

케냐만이 상승세인 것도 아니다. 아프리카 전 대륙이 빠르게 디지털화되고 있으며 아프리카의 인터넷 트래픽은 세계에서 가장 빠르게 성장하고 있다. 구글 같은 기업은 아프리카 사이트의 온라인 광고에서 웹사이트 방문자 수를 명기하고 있는데 그 수는 이미 서유럽을 넘어섰다. 웹의 경제적 효과는 스마트폰의 효과를 뛰어넘고 있다.

과거 고속 인터넷망 확장은 빛나는 경제 성장으로 이어졌다. 마찬가지로 아프리카 시장이 세계 100대 주요 시장에 포함된 것은 그리 놀라운 일이 아니다. 그러니 제2의 페이스북, 구글, 트위터가 아프리카에서 나올 확률은 세계 어느 대륙에도 뒤지지 않는다고 볼 수 있다.

글로벌 발전을 위한 연료

애노콰의 오픈데이터키트는 현재 지구의 외딴 지역까지 보급되어 다양한 발전의 촉매제 역할을 하고 있다. 환경설정에 따라 미국에서는 서식하는 동물의 멀티미디어 지도를 작성하는 데 도움을 주고, 호주에서는 원조 프로그램의 효율성을 점검하는 데 활용되며, 브라질에서는 열대우림의 재조림 감독에 활용되고 있다. 아프가니스탄에서는 공명선거 감시에, 탄자니아 잔지바르에서는 가축의 건강 상태 파악에, 케냐에서는 이산화탄소 감축 상태 점검에 활용되고 있다. 똑똑하고 감각적인 웹의 탄생으로 세계 곳곳에서 환경과 인간, 인간 행동에 대한 다양한 정보 수집이 가능해졌다. 점점 더 복잡해지는 세계에 성공적인 삶의 토대를 제공하고 있는 것이다.

"프로젝트는 계속해서 빠르게 성장하고 있어요. 우리는 현재 오픈데이터키트를 이용하는 사람을 1만에서 5만 명 사이로 추산하고 있습니다. 오픈데이터키트를 중심으로 전체 시스템을 구축해 나가는 조직이 점점 더 많아지고 있죠."

실제로 오픈데이터키트는 NGO와 기업이 일하는 방식과 구조를 변화시키고 일의 효율과 성과를 개선하고 있다.

애노콰는 황무지와 사막처럼 접근하기 힘든 지역을 초월해 새로운 가상공간을 발견했다. 이전에 아무것도 없었고 그 어느 것도 가능하지 않았던 곳에 처음으로 꽃이 필 수 있는 환경을 만들었다. 이제 그 공간은 끊임없이 발전해 가는 희망의 도시가 되고 있다.

미래를 위한 그의 운영체제는 인간의 창조성과 능력을 계발해 세계를 움직이게 했다. 자신이 살아가는 환경 속에서 성공적인 삶을 살 수 있도록 발판을 마련해준 것이다. 이것이 바로 애노콰가 개발한 시스템의 특별한 힘이다.

현지에 가서 그곳의 상황을 **이해**하는 것이 중요하다.

INNOVATION STUNT MEN

HOD LIPSON
SETH COOPER
SKYLAR TIBBITS

PART 3
개인의 욕구에서 인류 문명의 초석으로

로봇에게 자아(self)가 심어지다

인간과 로봇, 질병치료제를 함께 만들다

세상에 없던 새로운 물질로 생명을 탄생시키다

HOD LIPSON

호드
립슨

로봇에게 자아(sef)가 심어지다

호드 립슨 HOD LIPSON

생명의 엔지니어

인류 역사 수천 년 동안 많은 사람들은 생명 탄생에 각별한 관심을 가지고 있었다. 특히 죽어 있는 물질에 생명을 불어 넣으려는 시도는 종교를 중심으로 일어났고 신화와 전설 속에 심심치 않게 등장해 왔다.

아이러니하게도 로봇 공학자이자 엔지니어인 호드 립슨 역시 이러한 창조 작업에 매력을 느꼈다.

"기계를 다루는 엔지니어 치고는 제 생각이 너무 철학적일 수도 있어요. 하지만 기계는 사람이 만든 것이고 그것이 올바르게 작동하도록 다루는 일 또한 사람이 하는 일이죠. 어떤 경우든 인간을 떼어 놓고 생각할 수는 없어요. 그래서 인간을 모방한 기계를 만들어 보고 싶었어요."

호드 립슨은 인공지능과 로봇공학 분야의 세계 최고 전문가 중 한 사람이다. 그는 단순한 기기를 만드는 것에 만족하지 않았다. 오히려 현재 개발되어 있는 과학을 미래에 있을 법한 것들로 상상해 갔다. 그리고 최상의 무엇을 만들어 낼 수 있는가에 집중했다.

립슨의 연구로 탄생한 도구들은 기계와 생명의 경계선을 허물었다. 그의 창작물을 자세히 들여다보면 또 다른 새로운 형태의 생명 탄생을 엿보는 것만 같다.

호드 립슨 HOD LIPSON

인간에게만 주어진 생명의 열쇠와 코드까지 닮아 있는 창조물을 보여주었기 때문이다. 그는 자기복제능력, 자기조직능력에 대해 끊임없이 연구하고 있다. 이제 단순한 기계의 시대는 끝났다. 립슨은 앞으로 기계에 자유가 부여될 날이 올 것이라 예고한다.

생명의 기본 원칙인 자기 성찰이 가능한 로봇을 탄생시킴으로써 그 진화의 서막을 활짝 열어 놓았기 때문이다.

자기 원칙

립슨은 박사과정을 시작하기 전, 조선소에서 일하며 엔지니어들이 각자의 업무에 따라 어떻게 컴퓨터를 활용하는지 지켜보게 되었다. 흥미롭고 매우 창조적인 작업이었지만 그럼에도 불구하고 컴퓨터는 자동화된 제도판 같다는 느낌을 지우지 못했다. 컴퓨터는 매우 정교한 프로그램이지만 더 좋은 방법을 고안하거나 여타의 피드백을 표현할 수는 없다.

그는 자신의 연구에 대해 이렇게 설명한다.

"내가 관심 갖고 있는 모든 것에는 '자기(self)'라는 말이 들어있어요. '자기조립', '자기성찰', '자기변경', '자기의식'. 기본적으로 기계가 자립적으로 작동하는 것을 원하죠. 자동차와 아이패드를 구성하는 기계들, 아마존이라는 엄청난 창고에 질서를 부여하는 기계들은 시스템을 훌륭하게 통제할 수 있어요. 하지만 그 통제로부터 조금만 벗어나도 창조적으로 반응할 수 없습니다. 저는 그 점을 극복하고 싶었어요."

호드 립슨은 생명을 기본 원칙으로 삼고 연구에 매진한 결과, 새로운 기계들을 세상에 내놓기 시작했다. 기계는 놀라운 방식으로 스스로를 복제했고 의식을 갖춘 기계로 탄생했다.

미리 프로그래밍된 과제를 수행하는 것이 전부인 지금의 로봇 시대에 말이다.

립슨의 창조물은 완벽한 설계도에 따라 만들어지지 않았다. 그래서 디자인도 정갈하게 만들어진 일반 로봇과 다르다. 일부는 전혀 기계처럼 보이지 않고 만들다 만 장난감같이 보인다. 실제로 기능을 실행시켜봐야지만 기계 안에 숨어 있는 의미를 깨달을 수 있는 로봇도 있다. 서로 포개어진 벽돌들은 유령의 손에 의해 움직여지는 것처럼 서로 해체되기도 하고 자석으로 연결되기도 하면서 독특한 작은 생물체처럼 움직인다.

기계의 진화—생각하는 로봇
자기만의 형상을 만든다

립슨과 그의 연구팀은 2007년, 누구도 이루지 못한 일을 해냈다. 단순한 형태의 의식을 가진 기계를 만들어 낸것이다. 더 드라마틱하게 표현하자면 단순한 형식으로 자기성찰이 가능한 기계를 만들었다. 기본 원칙은 인공지능 작동 방식을 급진적으로 변화시켰다는 점이다. 이 기계는 자기인식로봇, 혹은 더 친근하게는 스타피시(Starfish)라 불린다.

이 특별한 로봇은 자신에 대해 '생각'하고, 자기 자신이 어떤 모습인지 스스로 알아 낼수 있다. 그러나 겉모습은 인간을 그리 닮아 보이지 않는다. 중간에 회로로 이뤄진 몸통이 있고 네 개의 구부러지고 기느다란 다리기 밖으로 삐져나온 모습은, 진지한 실험실에서 만들어진 것 같아 보이지도 않는다. 거친 외형은 지금까지의 로봇들과는 사뭇 달라 낯설고 심지어 위험해 보이기까지 한다. 마치 외계의 전갈처럼 보이기도 하고 일본 호러 영화에서 나올 법해 보인다. 가장 초보적인 기계조차 귀여운 얼굴로 만들어지는 이 시대에 말이다.

그러나 이제, 단추를 누르고 기계에 생명을 불어넣으면 전혀 다

립슨은 생명의 다양한 측면들을 모방한다. 이 오르니톱터의 무게는 3.89 그램이며, 3D 프린터로 만든 인공 날개로 공중에 뜰 수 있다.

립슨의 지도하에 자기복제, 즉 증식의 법칙도 연구되고 있다. 엔진이 내장된 각 부품들은 움직일 수 있으며 자신과 똑같은 복제품을 생산할 수도 있다.

생명 원칙이 적용된 로봇.
매우 낯설고 흉측해
보이는 기계 같다. 하지만
모터를 켜고 움직이기
시작하면 마치 강아지
같은 자연스런
움직임으로 모두를
놀라게 한다.

른 상황이 전개된다. 처음은 무기력한 떨림으로 시작한다. 그러나 잠시 후면 이 기계가 일반적으로 생산되는 로봇들과 다른 차원의 것임을 알아차리게 된다. 기계 스스로 인지하며 움직임을 시작하기 때문이다. 기계는 불안한 움직임을 이어가지만 스스로 '자아'를 감지해간다. 바로 이 과정이 립슨의 주된 관심사였던 로봇의 핵심 연구과제다.

로봇의 떨림은 자신을 알아가는 과정이다. 다시 말해, 열여섯 번의 반복적인 걸음을 통해 자신이 어떻게 구성되어 있는지 스스로 알아낸다. 다리가 몇 개인지, 관절이 몇 개인지, 서로 어떻게 연결되어 있는지를 인지해 간다.

이렇게 로봇 스스로 데이터를 분석해 가는 과정을 관찰자들은 컴퓨터를 통해 볼 수 있다. 로봇의 생각이 모니터로 보이기 때문이다. 창조자들은 그렇게 로봇이 자기 정체성을 찾아가는 은밀한 과정을 눈으로 확인할 수 있다.

재미있는 것은 로봇이 자신의 형태를 인지하기 위해 던지는 질문을 보는 것이다. 가령, '내가 직육면체 세 개로 되어 있나, 아니면 네 개로 되어 있나?', '직육면체들이 고정되어 있나 아니면 회전 가능한 마디로 이어져 있나?'와 같은 질문이다. 그렇게 로봇은 자신의 외적인 형태와 인식이 일치될 때까지 한 걸음 한 걸음 나가며 자신의 모습을 계산해 간다. 이러한 모습을 지켜보는 창조자 즉, 개발자 모두는 흥분을 감출 수 없다.

메타인지
기계에 자유를 부여하다

이 실험이 시사하는 바는 매우 크다. 인공지능 로봇의 거시적 방향을 보여주었기 때문이다. 이것을 메타인지라고 하는데 자신의 인지 과정을 관찰하고 조절하는 체계적 능력을 말한다. 즉 학습, 기억, 의지보다 한 차원 높은 것인데 인간이 가진 본질적인 특성에 해당되기도 한다. 기계 혹은 로봇이 기계적인 프로그램만을 실행할 뿐 아니라 주변과 관계를 맺고, 스스로를 관찰해 나가기 때문이

가루로 채워진 손. 이 손은 인간의 손을 그대로 본떠 만든 다른 어떤 로봇들보다 물건을 더 잘 잡을 수 있다.

다. 더불어 립슨의 기계들은 스스로의 반응을 관찰하며 영향을 끼치고 부분적으로 자신의 프로그래밍에서 떨어져 나올 수도 있다. 립슨과 그의 연구팀들은 그들이 창조물에 어느 정도의 자유를 부여했다는 점에서 놀라움을 선사한다. 흥분되는 것은 이런 시도들이 인간의 본질적인 질문에 닿아 있다는 점이다. '자유란 무엇인가? 나는 왜 나인가? 내가 나에 대해 더 많이 안다면 나 이상이 될 수 있는가?'라는 질문들은 립슨의 기계들이 이전의 모든 기계들과 뚜렷이 구별될 수밖에 없는 이유이기도 하다. 립슨의 구조물은 단순한 도구가 아닌, 짧은 생애 동안 자신의 의미를 개발하는 기계들이다.

새로운 형태의 기계 탄생, 엔지니어라는 직업에 새로운 비전을 제시하다

기계가 사람이 지시하는 것 이상을 할 수 있다는 것, 자신에게 주어진 프로그래밍을 넘어설 수 있다는 것은 복잡한 과제를 창조적으로 해결할 수 있다는 것을 의미한다. 무엇보다 그들이 자력으로 해결해 가야 할 환경에서는 말이다.

이제 립슨은 앞으로 이러한 기능을 가진 기계가 필요한 또 하나의 이유를 설명한다.

"저는 사람들이 신비로운 것을 좋아한다고 생각해요. 어떻게 작동하는지를 알고 나면, 로봇은 그다지 신비로울 것이 없어요. 하지만 로봇이 어떻게 작동하는지 정확히 알지 못하고, 프로그램 되어있지 않았는데도 움직이는 것을 본다면 로봇이 살아있는 생명체처럼 느껴지게 되지요. 사실 이 로봇들이 실생활에서 나타낼 은밀한 작동방식까지는 정말로 저희도 모르니까요."

립슨은 다시 한 번 수수께끼 같은 자신의 창작품을 가리켰다.

"예를 들어 이 로봇은 그 누구도 입력해주지 않았는데 걷는 것을 배웠어요. 그의 움직임을 의도적으로 안무해주는 사람이 없어요. 스스로 배웠다는 사실은 이 로봇을 신비롭게 하지요. 그런 과정을 보고 나면 이 기계에 감정을 느끼는 것이 어렵지 않아요. 기계가 복

'스타피시'라 불리는 이 로봇은 인공 의식을 가진 최초의 로봇으로 역사에 남게 되었다.

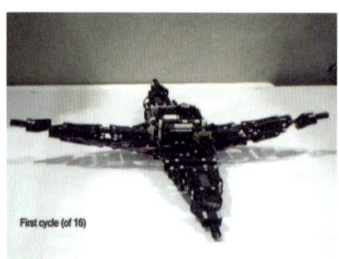
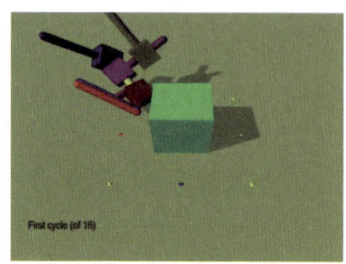

로봇은 여러 단계에 걸쳐 자신의 형태에 대한 정확한 상을 감지한다. 로봇은 무작위로 다리를 움직이는 가운데, 자신의 센서로부터 피드백을 받는다. 이런 피드백이 합쳐져 자신에 대한 '상'이 정립된다.
그렇게 차츰 자신의 다리의 개수와 기능을 의식한다.
총 16 단계를 거쳐 로봇은 자신의 형태를 정확히 알게 되며, 그때서야 비로소 자신의 내부 시스템과 외부를 조화시켜 간다.

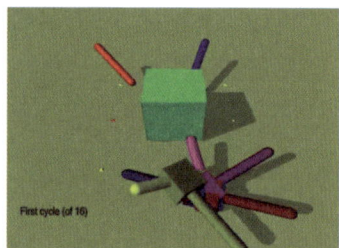
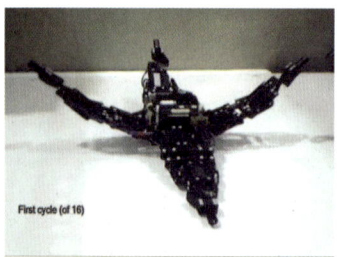

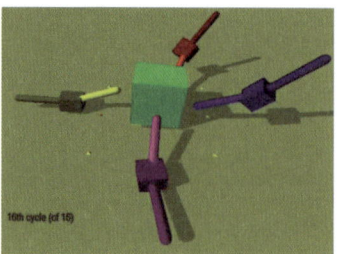

PART 3 개인의 욕구에서 인류 문명의 초석으로

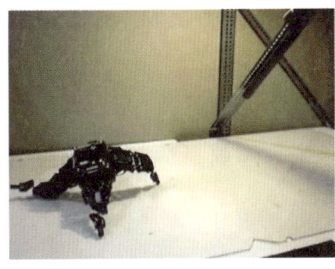 

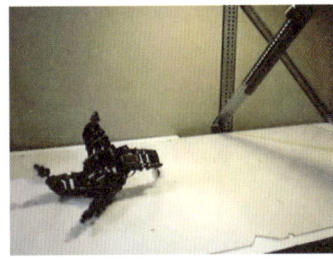 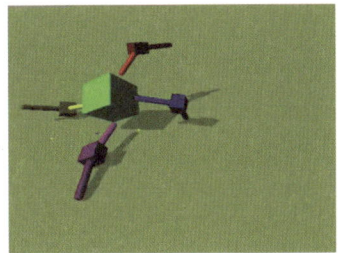

처음으로 전진을 시도하면서 로봇은 자신의 '의식'에서 비롯되는 생각에 정확히 일치하는 몸짓을 보여준다.

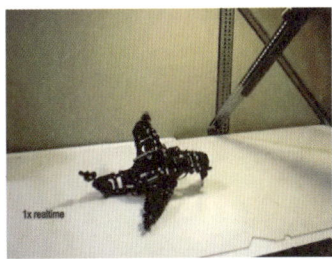 

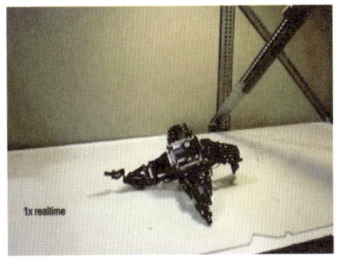 

177

창조자들과 창조물.
'스타피시'를 개발한 팀
- 조쉬 봉가드, 빅터
지코프, 호드 립슨

호드 립슨 HOD LIPSON

내가 관심 있어 하는 모든 것에는 **자기(self)**라는 말이 들어 있다.

잡해지고 더 많이 발전할수록, 우리는 기계가 어떻게 작동하는지 잘 모르게 될 거예요. 그렇게 기계는 생명을 가진 피조물과 약간 더 비슷해지겠죠. 동식물의 생각을 우리가 정확히 알지 못하는 것처럼 말이에요."

따라서 우리는 먼 훗날 인간만큼이나 수수께끼 같은 기계를 다루게 될지도 모른다. 이것이야말로 사물이 진화하면서 갖는 논리적인 수순이다. 이처럼 이미 몇몇 영역에서 생명체를 닮은 다양한 창조물들이 개발되고 있다는 소식은, 언젠가 모든 결과물들이 하나로 합쳐질 수 있다는 상상을 하게 한다. 립슨은 이렇게 대답했다.

"물론이지요. 내 계획은 언제나 그랬어요. 여전히 그렇고요. 하지만 나이는 들어가는데 궁극적인 목표는 언제나 멀리 있지요. 아직 이루어야 할 부분이 많아요."

립슨의 말대로 각각의 영역이 하나로 모이는 일은 언젠가 이루어질 것이고, 우리는 놀란 눈으로 확인하게 될 것이다. "이 기계가 살아있어!"라고.

분명 가까운 미래에 기계가 생각하고 느끼고, 증식하고, 자신과 자신의 이웃을 돌볼 것이다.

립슨은 엔지니어라는 직업의 또 다른 의미를 전달하며 이야기를 마쳤다.

"나는 엔지니어의 역할이 설계자보다 부모와 더 비슷하게 될 거라 생각해요. 자녀를 키울 때 어떻게 행동해야 하는지 일일이 제시하지는 않잖아요. 우리가 할 수 있는 것은 자녀들을 특정한 경험에 노출시켜 스스로의 태도에 영향을 주도록 하는 것뿐이죠. 마찬가지로 기계가 특정한 일을 수행할 때 처음부터 모두 설계하는 대신 기계를 적절한 경험에 노출시키는 것입니다."

호드 립슨 HOD LIPSON

자기조립
자기성찰
자기복제
자기의식

엔지니어의 **역할은**
설계자보다는
부모와 **더 가깝다.**

SETH COOPER
세스 쿠퍼

인간과 로봇, 질병치료제를 함께 만들다

세스 쿠퍼 SETH COOPER

전자두뇌

에릭 브린욜프슨은 '기계와의 경쟁'에서 기계의 발달로 인간의 일자리가 점점 위협받게 될 것이라고 경고했다. 그런 이유로 기계가 할 수 없는 일을 인간에게 교육하는 사회 시스템이 필요하다고 역설했다. 이를 증명이라도 하듯 IBM은 2011년 인공지능컴퓨터인 '왓슨'을 개발했다. 그리고 인간 챔피언과의 대결을 위해 퀴즈쇼에 당당히 섰다. 결과는 왓슨의 압승.

레이 커즈와일이 저서 《특이점이 온다》에서 2029년이 되면 기계들이 인간의 수준에 도달할 것이라고 예측한 것 또한 무리가 아니다.

기계는 그동안 인간의 많은 부분을 대체해 왔다. 반면, 사람은 창의적인 방향으로 급속히 진화하면서 기계와 차이를 유지할 수 있었다. 이런 일련의 경험은 앞으로도 기계와 인간이 일정한 경쟁 구도를 유지하며 공존할 것으로 예측하게 한다.

전자공학을 전공한 게임 크리에이티브 디렉터 세스 쿠퍼는 전자두뇌의 미래를 조금 다른 관점에서 바라본다. 인간과 기계는 각자 스스로 해결하지 못하는 문제를 분업하며 인간이 잘하는 것은 인간이, 기계가 잘하는 것은 기계가 맡아서 하는 창조적 협력을 이룰 것으로 기대한다.

오늘을 살고 있는 우리 세대에게는 인간과 컴퓨터 사이의 창조적 관계라는 과제가 놓여 있다. 세스 쿠퍼는 과제로 남아 있던 인간과 컴퓨터 사이의 창조적 협업을 가능케 한 인물이다.

시티즌 사이언스로 시작된 게임 혁명

세스 쿠퍼는 시애틀 워싱턴대학의 게임사이언스센터 크리에이티브 디렉터다. 그는 '시티즌 사이언스'●라는 연구로 새로운 학문을 개척했는데, 인간과 기계가 서로 분업해 새로운 노동 형태를 만들어 나가길 원했다.

미주리 주에서 태어난 쿠퍼는 대학을 마친 뒤 캘리포니아로 건너와 버클리대학교에서 전자공학과 정보과학을 공부했다. 그 뒤 교수의 소개로 실습하던 중 정보과학 박사과정을 밟기 위해 시애틀의 워싱턴대학으로 갔다. 쿠퍼는 박사과정을 시작하고 몇 년간 캐릭터나 군중 애니메이션●● 같은 게임 디자인의 전형적인 주제를 연구

- ● 시티즌 사이언스Citizen Science: 시민참여형 과학. 과거에는 과학자들을 주축으로 과학 대중화 사업을 벌여 왔지만 지금은 전문가·비전문가의 구분 없이 함께 모여 과학 관련 주제들을 포괄적으로 논의하는 일이 많다.
- ●● 군중 애니메이션crowd animation: 3D 애니메이션에서 군중들을 표현하는 작업으로 무리를 이루고 있는 캐릭터들에게 특정 임무를 부여하여 각 캐릭터들이 자연스럽게 움직이도록 하는 애니메이션.

세스 쿠퍼 SETH COOPER

하고, 방학 중에는 게임업계의 거물인 일렉트로닉 아츠(Electronic Arts)사에서 일했다. 하지만 3년 후, 박사과정 지도교수인 포포빅이 다른 과에서 의뢰한 프로젝트를 전달해주면서 쿠퍼의 관심은 완전히 다른 주제로 옮겨갔다.

조란 포포빅은 게임사이언스센터를 운영하고 있었는데, 그의 연구 목표는 인간이나 컴퓨터가 각기 혼자 힘으로는 해결할 수 없는 문제를 공동으로 해결하는 방법을 찾는 것이었다. 그 일환으로 포포빅은 대학 내 정보과학자들과 함께 단백질 접기(folding)와 관련된 복합적인 문제들을 해결하고자 했다. 쿠퍼는 박사과정 동료인 아드리안 트로이, 제이노스 바베로와 팀을 이뤄 온라인 게임 '폴드잇(Foldit)'으로 혁명에 첫 시동을 걸었다.

온라인 게임 '폴드잇'은 학자들에게도 낯선 미개척 분야였다. 캐릭터 애니메이션의 다채로운 시나리오와는 상당히 거리가 먼 분야로 단백질과 인체 내의 단백질 기능에 대한 복잡한 세계를 다룬다. 좀 더 자세히 설명하면 온라인 게임을 통해 단백질의 기능 방식을 해독함으로써 심각한 질병을 어떻게 치료할 것인가라는 질문에 답을 주는 것이다.

> 워싱턴대학교 게임 센터는 인간과 컴퓨터가 협업하여 문제를 해결하는 방법을 모색하고 있다.

단백질의 힘

단백질의 기능은 매우 다양하다. 인간 생명과 관련된 거의 모든 요소들이 단백질의 기능과 관련돼 있다. 단백질은 인체 내에서 콜라겐 형태로 존재하는데, 소화효소로서 영양소 처리에 관여하며 세포 간 데이터 교환에도 영향을 미친다. 한마디로 단백질은 인체의 중요한 구성 요소다. 생물학적인 관점에서 단백질은 인체의 소프트웨어인 DNA의 산물이다. DNA 안에 저장된 설계도에 따라 중요한 단백질 성분들이 결합돼 신체 기능에 직접 개입하는데, 바탕이 되는 소프트웨어에 조금만 결함이 있어도 잘못된 단백질이 만들어진다. 그러면 체내에 장애가 생기거나 그 과정이 완전히 마비되어 치매 같은 심각한 질병이 유발된다.

단백질 결합에서 중요한 것은 각각의 단백질 분자들의 공간적 배

Center for Game Science

CSE 294

폴드잇은 규칙이 단순한 게임으로 자연과학을 모르는 일반인도 단백질의 세계를 쉽게 이해할 수 있다.

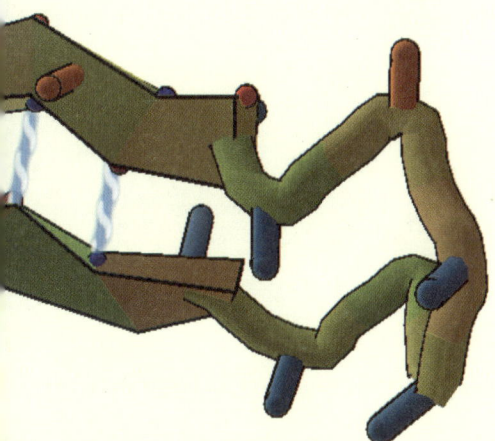

게이머가 풀어야 할 과제가 점점 복잡해지기 시작한다.

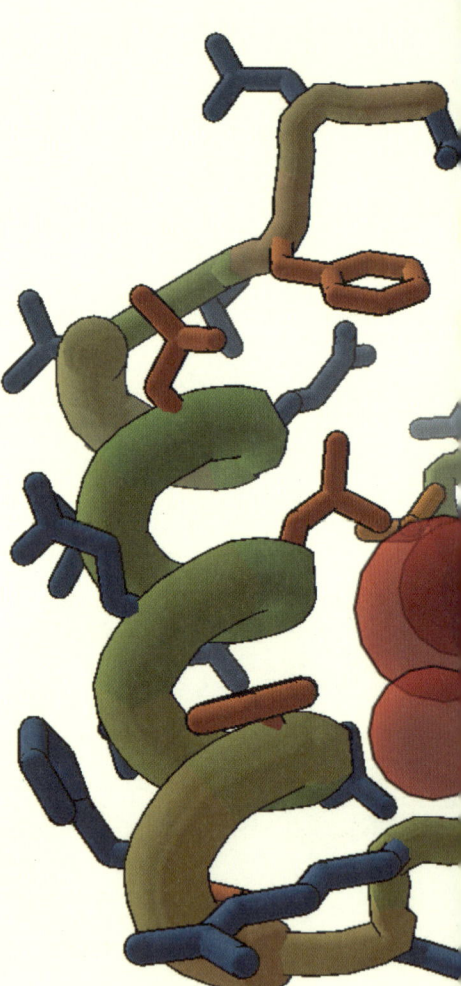

폴드잇을 오래 하다보면
에이즈, 알츠하이머 같은
질병을 예방하는 학문에
도움을 줄 수 있다.

You have completed
11 of 32 intro puzzles!

Moves: 9
Time: 4:30

Next is: Hide the Hydrophobic!

Puzzle Menu   Next Puzzle

열이다. 단백질의 3차원적 구조가 단백질의 기능을 결정하고 그로부터 질병이 유발될 수 있기 때문이다.

"단백질의 기능 방식은 그 형태에 좌우됩니다. 단백질은 접히면 특정한 형태를 띠거든요. 그 형태가 단백질이 주변 세계와 어떻게 상호작용하고 체내에서 어떤 기능을 할 것인지를 결정하지요."

그런데 여기서 문제가 되는 것은 단백질의 형태를 정하는 일이 힘들 뿐만 아니라 엄청난 노력이 필요하다는 점이다. 고가의 실험 장비가 필요하고 컴퓨터를 통한 분석도 쉽지 않다. 단백질의 공간적 구조를 결정하기 위해 컴퓨터는 높은 계산 능력을 필요로 하며 공간의 앞뒤좌우를 전체적으로 의미 있게 짜 맞춰야 한다. 하지만 컴퓨터가 그 일을 해내는 것에는 한계가 있다. 반면 인간의 두뇌는 공간적 배열을 재빨리 분석할 뿐만 아니라 이를 처리·저장하고 창조적으로 확장하는 능력을 갖추고 있다. 따라서 각각의 변수에 객체가 어떻게 바뀔지 상상하기란 인간에게 비교적 쉬운 작업이다. 다만 문제가 있다면 점검해야 하는 데이터 수가 너무 많다는 것이다. 기본적으로 컴퓨터 작업을 통해 연구를 진행해야 하는데 이 연구에 인간을 어떻게 끌어들일 것인지가 그들의 연구 과제였다.

전자두뇌의 탄생, 폴드잇

"흥미로운 것은 인간과 컴퓨터가 각각의 분야에서 뛰어난 능력을 보인다는 점입니다. 따라서 인간이 잘하는 것은 인간이 하고, 컴퓨터가 잘하는 것은 컴퓨터가 하는 하이브리드적 관점이 중요하다는 것이죠. 인간이 더 뛰어난 부분은 창조성, 문제 해결 능력, 구성 요소 조립 같은 공간적 사고력입니다."

그래서 쿠퍼는 인간과 컴퓨터가 각각의 능력을 발휘할 수 있도록 독특한 비디오 게임을 활용했다. 그 결과, 이전에는 실용적인 목적으로 거의 활용되지 않던 비디오 게임이 인간과 기계의 협업을 이끌어 내는 효과적인 인터페이스가 되었다.

그런데 비디오 게임을 활용하기 위해서는 우선 데이터베이스 내의 규칙을 명확하게 정해 기계가 처리할 수 있게 해야 하며, 정해진 규칙 안에서 창조적인 기술을 적용할 수 있는 자유도 충분히 주어져야 한다. 후자의 경우는 인간이 월등히 유리한 부문이다. 이 두 가지가 조화를 이룬다면 게임은 인간과 기계가 서로를 완벽하게 보완하는 가상공간이자 새롭고 능력 있는 전자두뇌로 거듭나는 장이 된다. 그런데 이론적으로는 이렇게 완벽한 시나리오가 실제 게임 상에서는 구체적으로 어떻게 펼쳐질까?

"단백질이 어떤 형태를 띠는가 하는 문제는 퍼즐과 비슷해요. 단백질은 서로 맞는 구성 요소들이 합쳐지면서 접히거든요. 그 구성 요소들은 특정한 규칙을 따릅니다."

쿠퍼의 말대로 그것은 생물학적 테트리스라고 할 수 있다.

"우리는 과제의 일부를 해결하기 위해 인간의 공간적 사고력과 문제 해결 능력을 활용할 수 있을 거라 생각했어요. 사람들을 끌어들이고 동기를 부여하는 데 있어 게임만큼 좋은 것이 없다고 생각했죠. 그렇게 '폴드잇'이 탄생했습니다. 폴드잇의 게이머들은 게임 안의 도구를 이용해 상호작용합니다. 또한 단백질을 처리하고 각 부분을 연장시키는 등의 작업을 수행하죠. 동시에 이 게임은 생화학자들이 개발한 자동화된 알고리즘이기도 합니다. 따라서 컴퓨터는 수를 다루거나 다양한 결합을 신속하게 시험하는 일 같은 인간보다 뛰어난 능력을 발휘할 수 있는 거죠."

폴드잇은 어떻게 기능할까?

게임 디자이너들은 유저들에게 좋은 인터페이스를 제공하는 것을 최상의 과제로 여긴다. 미생물학의 비밀을 푸는 과정에서 인간의 지능을 활용하려면 단순한 계기판이 필요하다고 생각한 것도 바로 그 때문이다.

또한 게임 디자이너의 중요한 과제 중 하나는 게이머들이 게임에 참여하도록 유도하는 것인데, 그러기 위해서는 게임이 인간 두뇌의 작동 방식을 따라야 한다. 의도적으로 상과 벌을 주면서 게이머들을 이끌어야 하는데, 이 과정에서 온라인 게임의 전형적 요소들인 '라이프에너지', '업그레이드', '세이프 포인트'가 생겨난다.

세스 쿠퍼 SETH COOPER

인간이 잘하는 것은 인간이 하고
컴퓨터가 잘하는 것은 컴퓨터가 하는
하이브리드적 관점이 중요하다.

게임 디자이너는 이 모든 측면을 균형 있게 배치해야 한다. 레벨 깨기가 너무 쉬우면 게임은 쉽사리 지루해지며, 레벨 깨기가 너무 어려우면 게임에 대한 욕구가 쉽게 꺾인다. 둘 사이의 적절한 균형점을 찾기 위해 프로 게임 테스터들과 디자이너들이 서로 협력해 수없이 테스트를 했다.

'폴드잇'의 게임 규칙은 자연법칙을 모방했다. 에너지가 적게 필요할수록 단백질 구조는 더 안정적이기 때문에 낮은 에너지 구조를 갖도록 했다. 또한 레벨이 높아질수록 게임의 난이도도 올라가게 했는데, 단순한 아미노산 사슬 접기부터 아주 복잡한 사슬 접기까지 단계를 세분화했다.

앞서 말했듯 '폴드잇'에서도 '보상 체계'가 필요했다. 그런데 보상 체계를 단백질 세계에 적용하기 위해서는 많은 고민이 필요했다. 연구자들의 능력을 초월하는 일이었기 때문이다. 제대로 된 게임을 만들려면 보상 체계의 구조 자체가 매우 중요하다. 게이머들이 특정 과제를 해결할 수 있도록 그들에게 의미 있는 보상을 해야 하는 것이다.

"우리는 폴드잇에서 보상 체계를 단계별로 적용했습니다."

쿠퍼와 동료들은 폴드잇의 보상 체계를 세 단계로 구성했다. 우선 짤막한 음향신호 형태로 보상하고 게이머들의 인내심을 좀 더 시험한 후 더 큰 보상을 한다. 랭킹에서 더 높은 자리를 차지하거나 특별한 퍼즐을 얻게 하는 것이다. 마지막으로 수 개월 혹은 수 년을 플레이한 게이머가 차지하는 랭킹이 있다. 쿠퍼는 처음부터 폴드잇의 보상 체계를 장기적인 프로세스로 구상했다. 또한 혼자서 게임을 할 수도 있지만 개인이 커뮤니티의 일부가 되어 과제를 완수할 수 있게 하는 것도 놓칠 수 없는 부분이었다.

폴드잇의 성공 요인은 '커뮤니티의 힘'

사람들은 좀비 퇴치 게임이 아닌 단백질 접기 게임에 어떤 반응을 보였을까?

그동안 57,000명 이상의 사람들이 '폴드잇' 게임을 했다. 게이머의 숫자도 중요하지만 여기서 더 흥미로운 것은 게이머들을 특정 집단으로 분류할 수 없다는 점이다. 쿠퍼는 다음과 같이 설명한다.

"사람들의 연령, 성별, 직업, 학력은 제각각입니다. 생화학을 전혀 배워본 적 없는 사람들도 많고요. 최고 단계의 게이머 대부분도 대학 시절 교양으로 생화학을 배웠을 뿐 그 이상의 생화학적 지식은 없는 사람들입니다. 이들은 그저 이 게임에 관심을 갖고 도움을 주려는 사람들인 거죠."

이런 특성과 더불어 '폴드잇'이 성공할 수 있었던 또 다른 이유는 개개인의 게이머가 아니라 게이머들이 모인 생산적인 커뮤니티가 있었기 때문이다. 지금의 커뮤니티는 막강한 힘을 발휘하는 성공 요소 중 하나다.

"폴드잇에서 얻어지는 의미 있는 성과들은 커뮤니티에서 이루어집니다. 채팅으로 서로 이야기를 나누고 문제점을 파악하는 거죠. 앞으로 해결해야 하는 과제들에 대해 서로 의견을 나누고 협동하는 거예요. 이때 팀끼리 서로 경쟁하게 되는데 이것이 게임에서 주요 동기로 작용하게 됩니다."

크라우드 소싱의 엄청난 파워

'크라우드 소싱'이란 말을 들어봤는가? 기업이나 조직이 복잡한 문제의 해결을 전문가 대신 대중에게 의뢰하는 것이다. 예전 같으면 연구개발부 전체가 매달려야 하는 수많은 문제들을 대중의 창조적 아이디어를 통해 해결할 수 있으니 매력적인 문제 해결법이 아닐 수 없다.

'폴드잇'은 크라우드 소싱이 보여줄 수 있는 최상의 예 중 하나다. 하지만 실제 게임은 예상과 다르게 진행되었고 특정 전제하에서만 효과를 볼 수 있었다. 쿠퍼와 동료들은 시스템 개발에 온갖 노력을 기울였는데 이 시스템은 종종 효과적인 결과를 낳았다. 그러나 이 시스템은 비용이 너무 많이 들고 지속적인 관리가 필요했다. 시스템이 자동으로 운영되지는 않지만 그래도 다른 대안들보다는 뛰어났기 때문에 그들은 '크라우드 소싱'의 힘을 계속해서 믿기로 했다.

그렇다면 '크라우드 소싱'을 적용하기 위해서는 어떤 원칙이 필요할까? 우선 해결하고자 하는 문제가 대중의 흥미를 끌어야 한다. 그리고 인간의 능력을 최대한으로 활용할 수 있는 문제여야 한다. 그렇지 않다면 그냥 기계가 문제를 해결하기 때문이다. '폴드잇'을 개발할 때 가장 중요한 포인트는 문제의 어떤 부분들을 인간에게 맡길 수 있을까 하는 점이었다.

'폴드잇'을 개발할 당시 또 하나의 도전 과제는 생화학적인 문제를 어떻게 하면 박사 타이틀이 없는 사람들도 관심 있어 하는 광범위한 문제로 만들 수 있을까 하는 것이었다. 고심 끝에 쿠퍼와 동료들은 '단백질 접힘'이라는 복합적인 문제를 공간과 구조를 활용해 푸는 단순한 게임으로 만들었다. 전문가만이 다룰 수 있는 주제를 누구나 할 수 있는 게임으로 바꿈으로써 '크라우드 소싱'의 대상이 되게 한 것이다.

또한 '폴드잇'에는 또 하나의 창조적인 생각이 도입되었는데 게이머들이 전략을 레시피 형태로 저장할 수 있게 한 것이다. 이런 레시피는 커뮤니티 차원에서 공유되었고 이 과정을 통해 각각의 게이머는 다양한 레시피를 모아 소위 자신만의 '요리책'을 가질 수 있게 되었다. 각자가 만든 레시피는 지속적으로 개선되기 때문에 시간이 지날수록 더 나은 요리책이 되었다. 그 과정에서 약간 특별한 일이 일어났다. 두 개의 효율적인 레시피가 커뮤니티의 활동을 지배하게 된 것이다. 흥미로운 것은 거의 같은 시기에 학자들이 이 레시피와 동일한 연구를 하고 있었다는 점이다. 이는 단백질 접기 게임을 통해 개발된 해법이 전문가들의 연구에 견줄 만큼 뛰어나다는 것을 말해준다.

그로부터 얼마 안 있어 '폴드잇' 개발자들은 저명한 과학 전문지에 놀라운 결과를 공개했다. 게이머들과 함께 에이즈 바이러스 재생산에 중요한 효소의 구조를 분석하는 데 성공한 것이다. 게이머들은 공동 저자로 언급되었다. 그간 학자들이 풀지 못했던 문제를 '폴드잇' 게이머들이 3주 만에 해결했다는 점을 분명히 밝혔다. 쿠퍼의 예상대로 게이머들이 문제 해결에 대한 힌트를 전문가들에게 제공한 것이다.

전자두뇌의 미래

이후 쿠퍼와 게임사이언스센터 동료들은 완전히 다른 분야에서의 구체적인 학문적 성과도 보여주었다. '폴드잇' 게임이 그저 놀이에 불과한 것이 아니라 인간과 컴퓨터 사이의 창조적 협업을 가능케 하는 수단임을 확실히 증명한 것이다.

'폴드잇'은 컴퓨터가 인간의 명령을 실행하는 수단에만 그치지 않는다는 사실을 보여주었다. 인간이 스스로의 능력을 최대한 발휘하는 과정에서 컴퓨터를 동등한 파트너로 삼을 수 있음을 깨닫게 한 것이다. 하지만 그 이상은 아니다. 인간과 컴퓨터의 협업 과정에서 어떤 과제를 해결해야 할 것인가를 인식하는 건 인간이며, 그런 전제 하에서 컴퓨터는 인간을 보완하는 역할을 하기 때문이다.

인간을 보완하는 컴퓨터는 일상에서 다양한 역할을 수행한다. 계좌 운영에서부터 행동경제학에 이르기까지 인간을 보완하는 컴퓨터의 영역은 무궁무진하다. 이렇듯 전자두뇌에 대한 아이디어는 계속해서 재발견되고 있다. 여기서 중요한 것은 인간의 생각을 컴퓨터에 위임하는 것이 아니라 인간과 컴퓨터의 개별적 한계를 깨닫고 이에 맞는 해결책을 찾는 것이다. 그렇게만 된다면 앞으로 맞닥뜨릴 수많은 문제들을 게임을 통해 풀 수 있을 것이다.

전문가만이 다룰 수 있는 **주제**를
게임으로 바꾸니
'**크라우드 소싱**'의 대상이 되었다.

SKYLAR TIBBITS

스카일라 티비츠

세상에 없던 새로운 물질로 생명을 탄생시키다

스카일라 티비츠 SKYLAR TIBBITS

프로그래머블 매터, 죽은 물질 **살려내기**

(Programmable Matter: 프로그래밍 가능한 물질)

죽은 것을 살려내는 것은 신들의 창조 영역에 속한다.

특별한 능력으로 우주를 탄생시키고 생명력을 갖게 하는 일은 분명 신의 일이다. 하지만 DNA가 발견되면서 신들의 영역으로 여겨졌던 생명공학에도 많은 변화가 생겼다. DNA 발견으로 인간도 암호를 토대로 탄생하고 존재할 수 있다는 사실이 밝혀졌기 때문이다. 이것은 오랫동안 신의 영역으로 여겨졌던 창조의 본질을 암호의 차원으로 해석하는 계기가 되었다. 이는 생명 없는 단백질을 특정 순서로 배열하고 적절한 도구로 자극하면 거기에 생기를 불어 넣을 수 있다는 가능성도 엿보게 한다.

분명 충격적이고 놀라운 사실이 아닐 수 없다.

이것은 그동안 믿고 있던 자연의 법칙을 흔들기에 충분하다. 새로운 암호 체계를 만들고 리프로그래밍하면 완전히 새로운 생명체를 탄생시킬 수 있다는 상상이 현실로 다가왔기 때문이다.

만약 한발 더 나가 물, 모래, 석회, 철, 구리 등의 무기물까지도 암호화할 수 있다면 어떻게 될까? 만약 그것이 가능하다면 무기질인 물질들도 살아 움직이게 할 수 있지 않을까? 이것은 과연 실현 가능한 일일까?

이 질문에 답을 찾아 나선 사람이 바로 인공지능과학자 스카일라 티비츠다. 그의 전문 분야는 프로그래머블 매터, 즉 프로그래밍 가능한 물질을 만드는 일이다. 티비츠는 새로운 카테고리의 물질을 탄생시키는 연구를 주도하고 있다. 앞서 한 질문에 티비츠는 이렇게 말한다.
"모두 실현가능한 일이다. 그리고 현실이다."

암호의 건축가

집을 유지하는데 매달 지출되는 비용은 생활비 전체에 많은 비중을 차지하며 부담이 되곤 한다. 그 이유 중 하나는 오래전부터 이어진 건축의 원칙이 거의 발전하지 않았기 때문이다. 물론 시간이 흐르면서 건축 과정은 발전했다. 재료는 더 정밀해졌고, 도구는 더 정교해졌다. 그러나 수천 년 전 돌을 쌓던 곳에 철근과 유리가 대체됐을 뿐이며 하늘을 찌를 듯한 높은 건물을 지을 수 있게 된 것뿐이다. 티비츠는 건축기술 발전을 위해 앞서 언급한 암호 적용을 시도한 첫 번째 사람이다.

"막 건축학 공부를 시작했을 때 갑자기 프로그래밍 분야가 떴어요. 건축에도 암호가 도입되기 시작한 거죠. 암호를 활용해 기계를 조종하는 등 무궁무진한 가능성이 널려 있었어요. 저는 프로그래밍과 알고리즘 기하학에 매력을 느끼게 되었습니다. 동시에 최초의 3프린터가 출시되면서 많은 사무실이 3D 프린트를 이용해 일하기 시작했죠. 대단했어요."

이 시기 티비츠는 창조적인 이중생활을 했다. MIT 대학에서 컴퓨터 사이언스와 디자인 컴퓨테이션(Design computation)을 전공하면서, 한편으로 미디어랩에서 인공 지능과 로봇 공학을 배웠다. 그때 처음으로 프로그래머블 매터를 접하게 됐다. 또한 디에브리먼(theeveryman) 디자인스튜디오의 예술가이자 건축가인 마르크 폰즈와 함께 프로그래밍 알고리즘을 토대로 대형 조각 작품을 연달아 제작하기 시작했다.

"세계 곳곳에서 거대한 조각 작품을 만들어달라는 의뢰가 계속해서 들어왔어요. 대형 조각은 우리의 디지털 연구의 물질적 형상물이라 할 수 있었죠."

하지만 쇄도하는 요청에도 불구하고 티비츠는 제작 과정에서 행복을 느끼지 못했다.

"기본적으로 힘을 써야 했어요. 멋있게 제작된 부품들이 있었지만 그것을 조립하는 데는 어마어마한 노동력이 들었죠. 우리는 몇 주 혹은 몇 개월 동안 부품들을 단순히 조립하는 일만 했어요. 지루하고 지겨운 일이었죠. 그때 좌절 비슷한 감정을 느꼈어요."

얼마 후 티비츠가 MIT를 졸업하자 시간강사 자리가 주어졌다. 그에게 그 자리는 지금까지 몰두했던 두 세계, 즉 암호를 통해 만들어내는 새로운 창조 원칙과 대형 구조물 제작을 연결시킬 수 있는 안성맞춤의 기회로 보였다. 커다란 구조물을 제작하기 위해 신체적인 힘을 쓰는 일을 개선시키는 연구에 매진할 수 있다고 여겼기 때문이다.

"다른 분야는 훨씬 지능적이고 효율적이었어요. 자연에서 주어졌든 아니면 영리하게 머리를 써서 얻어냈든 말이에요."

티비츠는 이제 새로운 영역으로 나가고 있었다. 그는 건축을 도와주는 연장이나 도구를 만들지 않았다. 건축재료 자체를 새롭게 고안하는 일, 즉 지능 있는 벽돌을 만들고자 했다.

건축가, 예술가, 정보과학자, 교육자… 스카일라 티비츠는 이런 많은 재능을 연결시켜 새로운 직업상을 창출했다.

새로운 세계를 위한 새로운 재료

프로그래머블 매터는 신이 하사한 것도, 완전히 인간의 손으로 만

'볼타돔(VoltaDom)'은 티비츠의 전형적인 조각이다. 수백 개의 둥근 지붕이 교차되어 새롭고 독특한 건축물을 이룬다. MIT 150주년을 기념해 탄생된 작품이다.

스카일라 티비츠 SKYLAR TIBBITS

프로그래머블 매터는
신이 하사한 것도,
인간의 손으로 만든 것도 **아니다.**

든 것도 아니다. 그것은 프로그램 가능한 물질이다. 다시 말해, 스스로 변화하는 물질이고 재료이고 부품이다. 이 재료들은 프로그래밍된 그대로 반응하면서 특정 방식으로 새로운 형태를 만들어가는데 이 방식들은 모두 유전 암호를 본떠 만들었다.

어렵게 느껴진다면 다음의 설명을 보자.

인간 배아의 체세포 각각에는 개인의 설계도뿐 아니라 특화된 정보, 즉 유전자가 담겨 있다. 쉽게 말해 배 속에 있는 태아가 이미 부모의 유전자를 닮아 있는 것과 동일하다.

그러한 의미로 볼 때 프로그래머블 매터는 단순히 조립해야 하는 멍청한 부품을 만드는 대신 각 부품들의 특성을 강화시키도록 지능화되었다. 프로그래머블 매터에서의 부품 하나하나는 연결되거나 연결되지 않고, 접혀지거나 펼쳐지고, 구부러지거나 직선이 되도록 암호화된 기능을 갖추었다는 비밀이 숨어 있다. 결국 표면적으로 보이는 것을 뛰어 넘어 대안적인 상태를 아는 물체가 탄생하도록 프로그램된 상태다.

"디자인 과정에서 공급하는 에너지에 따라 부품들의 상태가 교대되도록 합니다. 열을 가하느냐, 소음을 가하느냐, 운동에너지를 가하느냐에 따라 상태가 바뀌게 하는 것이지요. 그렇게 각 부품은 지능 있는 요소가 됩니다. 보통의 경우 '이 책상으로 의자를 만들려면 일단 책상을 해체시키고, 그 재료로 의자를 만들어야 해.'라고 말하겠지요. 하지만 프로그래머블 매터의 경우, '내가 만든 책상은 온도에 따라 책상 혹은 의자로 변신할 수 있어.'라고 말할 수 있습니다."

공동작업의 성공 '셀프 어셈블리 라인'

티비츠는 자신의 연구를 단순하고 구체적으로 보여주기 위해 체인처럼 생긴 사슬을 꺼내들었다. 사슬의 각 마디는 정해진 방향대로만 움직일 수 있다. 하지만 사슬 안에는 특정 지시에 따라 나선구조를 이룰 수도 있고, 정육면체를 이룰 수도 있는 설계도가 들어 있다. 이제 흔들어주면 사슬은 미리 정해진 모양으로 변신한다. 바로 이 예시들 안에 단순한 구조를 어떻게 복합적인 물체로 변형시킬 수 있는가에 대한 해답이 들어있다. 프로그래머블 매터가 삶의 여러 분야에 응용될 수 있다는 사실을 증명한 것이다.

이 작업은 티비츠와 아더 올슨(캘리포니아 라 졸라에 있는 분자 그래픽 실험실 운영)의 협업으로 이루어졌다. 아더 올슨은 인간의 체세포 영역에서 프로그래머블 매터를 활용할 수 있는 가능성을 연구하고 있었다. 가령 약을 체내에 투여했을 때, 약이 프로그래머블 매터의 도움으로 세포에서 목적지로 정확하게 전달될 수 있는가라는 가능성에 대한 연구였다.

"아더와 나는 특이한 상황을 통해 알게 되었어요. 어느 날 손에 잡히는 비디오를 아무 생각 없이 재생시켜 틀었어요. 그런데 그 비디오 앞부분 광고에 아더가 셀프 어셈블리 토이(자기 조립 장난감)를 소개하는 장면이 나오는 거예요. 나 역시 그때 같은 작업 중이었는데 말이죠."

아더 올슨은 분자생물학자이고, 티비츠는 커다란 건축 문제들을 해결하는데 관심이 있었다. 하지만 티비츠는 즉각 전화를 걸었다.

"나는 아더 올슨에게 전화를 걸어 우리가 기본적으로는 같은 작업을 하고 있다고 설명했어요. 따라서 뭔가를 같이 해 볼 수 있지 않겠냐고 제안했죠."

스카일라 티비츠와 아더 올슨의 공동작업은 단시간 내에 실용적인 성과를 거뒀다.

두 사람의 공동작업 결과인 셀프 어셈블리 라인(Self-Assembly Line)'은 기계와 설치물을 혼합한 형태였다. 이내 그들은 셀프 어셈블리 라인을 롱비치에 설치했다.

이 조각은 약 4미터 크기의 속이 비어 있는 구 모양인데, 내부에는 프로그래머블 매터로 이루어진 수많은 부품이 들어 있다. 이 부품들은 구형을 이루도록 조립되어 있고, 부품 속에는 설계도가 장착되어 있는데 이 모든 부품은 지능을 갖고 있다. 티비츠와 올젠은 이 부품의 특정 지점에 자석 형태의 접점들을 장착시켜, 부품들이 스스로 더 커다란 물체로 합쳐질 수 있도록 만들었다.

티비츠는 셀프 어셈블리 라인을 통해 두 개의 관심분야를 연결하고자 기대했던 자신의 처음 목표를 이룰 수 있었다. 셀프 어셈블리

스카일라 티비츠와 아더 올슨의 셀프 어셈블리 라인은 프로그래블 매터의 작동방식을 보여주는 움직이는 조각이다.

조각이 축을 중심으로
돌아가면 내부에서
프로그래머블 매터
부품들이 움직이며
새롭게 조립된다.

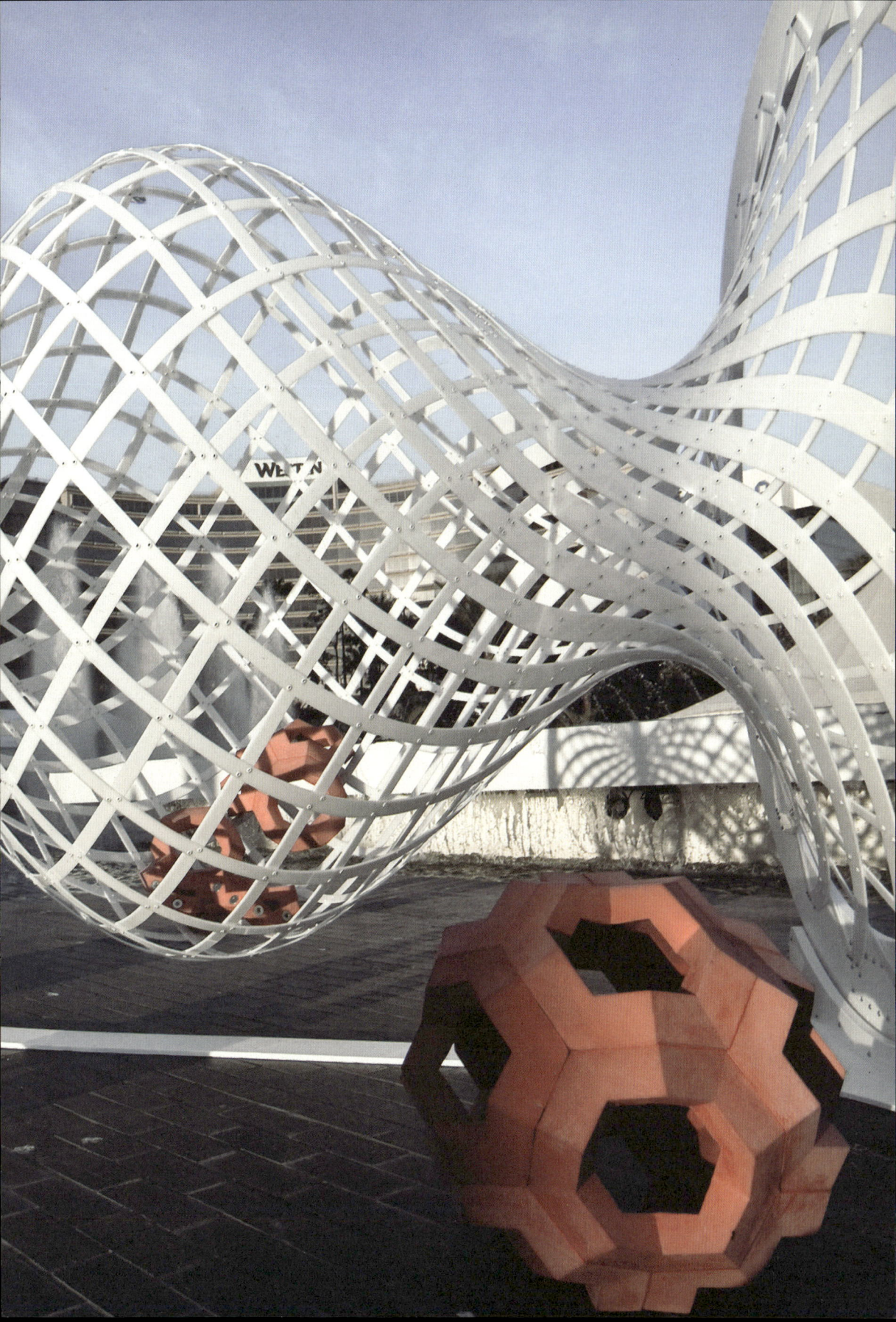

프로그래머블 매터의
원칙은 여러 부품들이
새로운 물체로
조립된다는 것이다.
각 부품에는 완성된
결과물의 설계도가 들어
있다.

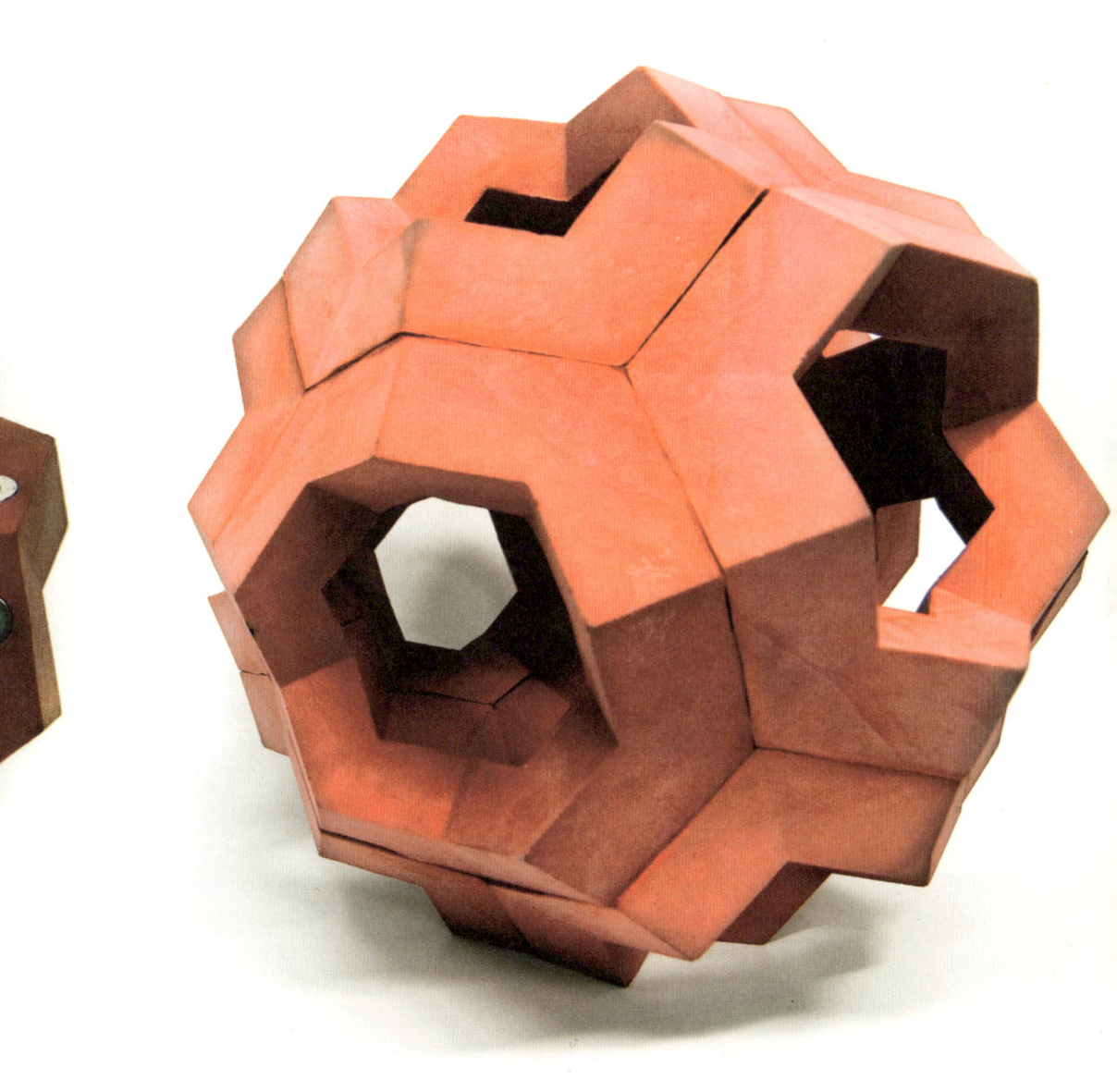

바이오-몰레큘라 셀프-어셈블리(Bio Molecular Self Assembly: 생분자 자기 조립)는 티비츠와 아더 올슨의 또 하나의 연구 프로젝트다. 미생물학뿐 아니라 우주여행 때 우주선을 조립하는 데도 활용될 전망이다.

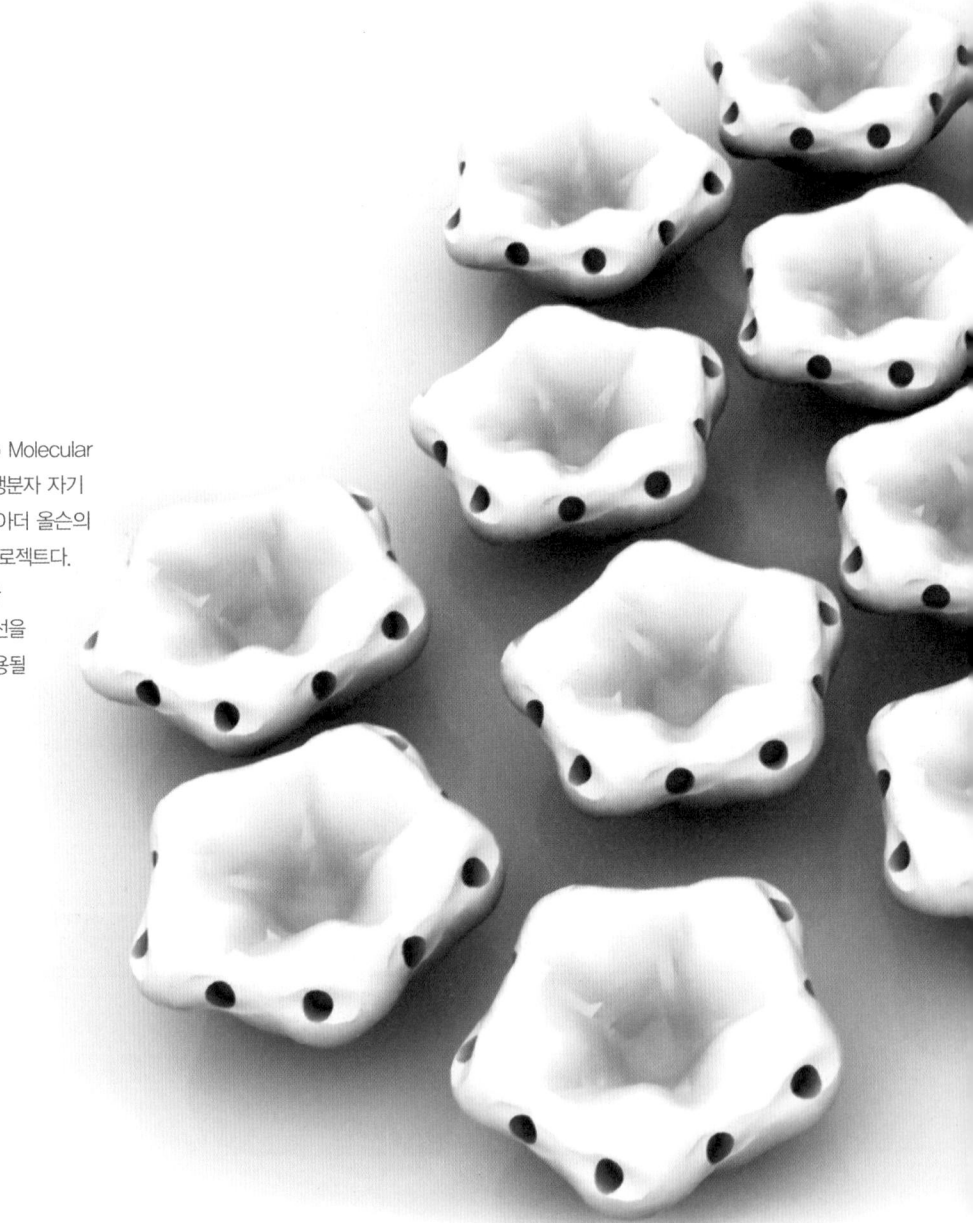

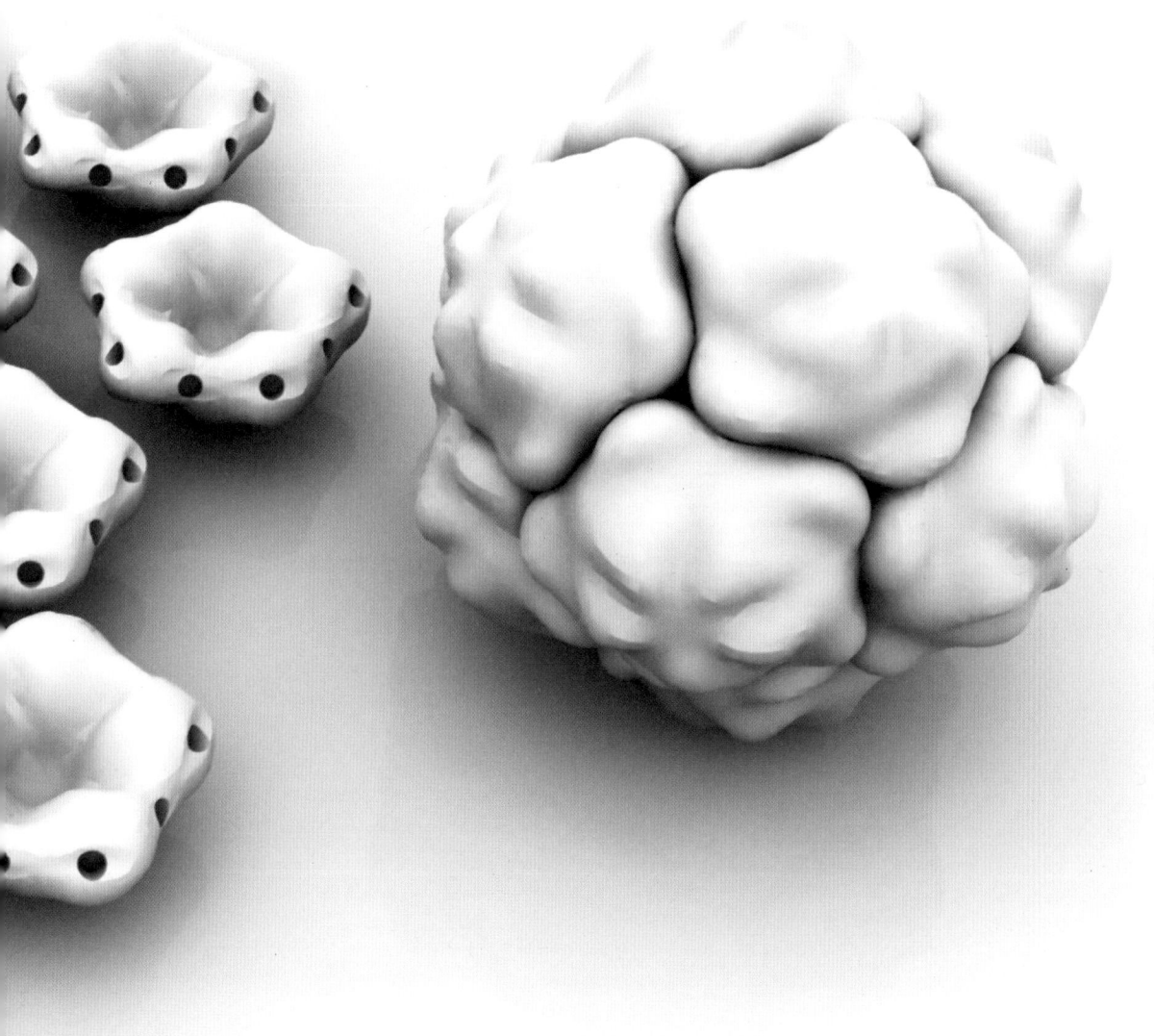

스카일라 티비츠 SKYLAR TIBBITS

시스템에 **귀를 기울이고**
시스템이 **원하는 대로.**

라인은 조각일 뿐 아니라 기계이며, 초현대적인 예술품일 뿐 아니라, 자기 조립 원칙을 구현한 결정체다.

계획의 종말, 커다란 구조에서 작은 단위로

어쩌면 미래에는 공장이 필요 없을지 모른다. 가전제품 같은 것들이 완제품으로 판매되지 않고 부품들만 비닐봉지에 넣어 나올 수도 있다. 그리고 세탁기에 돌리면 토스터기계로 조립되어 나오거나, 텔레비전이나 어쩌면 더 복잡한 물체로 자동조립도 가능할지 모른다. 이런 생각을 품고 시선을 전 사회로 확대하면 티비츠의 고안은 더 깊은 의미를 얻게 된다.

티비츠의 작업은 제어되는 시스템보다, 스스로 조직하여 자유롭게 펼치는 시스템이 더 효율적이라는 통찰을 기본으로 한다. 티비츠는 다양한 알고리즘 작업을 하면서 때로는 전혀 계획하지 않고 자신의 일을 감당하는 암호가 자연스럽게 생겨나도록 내버려 둔다.

"암호는 기본적으로 프로그래밍된 후에야 어떤 기능을 하게 됩니다. 어떻게 구체화될 것인지 이야기해주는 것이죠. 개발자들은 코드가 자신의 역할을 발견하게 하며, 다른 방향은 강요하지 않죠. 시스템에 귀를 기울이고 시스템이 원하는 대로 되도록 해주는 건 굉장히 흥분되는 일이라고 생각해요. 결과적으로 우리가 주입하고 싶었던 것보다 더 괜찮은 것이 되기를 바라면서요."

티비츠의 이런 인식을 경영이나 노조에도 적용해보면 어떨까.

제어하지 말고 성장하게 하라!

그렇다면 이제 경영자는 정원사처럼, 미생물학자처럼 될 수도 있지 않겠는가!

성장은 단순히 수익을 늘리는 것이 아니라, 무엇보다 능력을 키우는 것이어야 한다. 그렇게 될 때 수익은 저절로 따라온다. 프로그래머블 매터의 기본적인 생각은 어쩌면 새로운 삶의 방식에 대한 모델인 듯 보인다. 민주주의 제도뿐만 아니라 근대의 많은 성공 이야기에서 이런 법칙을 찾을 수 있다. 디지털 미디어의 확산도 그런 효과를 냈다. 불과 얼마 전까지 기업은 전 세계에 뿌리 내린 제국과도 같았다. 하지만 지금은 두 세 사람이 모이기만 해도 기업이 된다. 이들은 스타트업의 발랄한 원칙을 가지고 수천만의 인구를 움직일 수 있다. 또한 그 안의 시스템을 읽을 수 있는 사람이라면 그들과 함께 일할 수도 있다.

"얼마 전부터 많은 사람들은 바이오미메틱스(Biomimetics: 생체모방기술)와 생물학적으로 영감을 얻은 형상화 원칙에 열광하고 있습니다. 이것은 우리가 발견하고 가공할 수 있는 시스템에 의해 세계가 돌아간다는 것을 뚜렷이 보여주죠. 저는 자기 조립의 세계에 관심이 있지만 다른 시스템에도 얼마든지 관심이 있습니다!"

이미 시스템화된 것을 복합적인 형상 과정의 재료로 파악하는 것, 그것이야말로 미래의 창조자들이 가져야 할 커다란 도전일 것이다.

성장은 단순히
수익을 늘리는 것이 아니라
능력을 키우는 것이어야 한다.

맺음말

이 책에 모인 이노베이션 스턴트맨들은 인간 중심으로, 자신의 재능과 능력을 발전시켰다. 스스로의 한계를 극복하고, 다른 사람들까지도 성장시킨 그들은 미래를 개척하는 사람들이다. 그로 인해 세상의 일부분은 혁신되었다.

우리는 그들의 메커니즘이 사회의 다른 영역에도 적용되기를 기대하며 한 가지 질문을 던지게 된다. 게임 '저니'를 탄생시킨 원칙으로 공장의 경영을 쇄신할 수 있을까? 대중교통은 케이티 샐런의 학교에서 어떤 깨달음을 얻게 될까? 요 애노콰의 오픈데이터키트를 토대로 새로운 경제 질서를 만들어 낼 수 있을까? 포츠 도슨처럼 기업들은 발상의 전환에 도전을 하게 될까? 작은 비닐봉지 하나로 슬럼가에 혁명을 가져다준 빌헬손과 같은 제 3의 예술가가 어떤 노력을 할 수 있을까? 등이다.

우리는 전 세계적으로 기발한 아이디어를 가진 이노베이션 스턴트맨들의 작업을 응용 가능한 공식으로 정리해 보고자 했다. 이런 취지에서 우선 워크숍 프로그램을 만들어, 대학과 세미나를 통해 시험해 보았다. 그 결과 희망이 만들어지고 있으며, 무엇보다 무척 재미가 있다는 점이다.

그 다음 단계가 바로 이 책이다. 혁신을 주제로 했지만, 미래를 만들어나가기 위한 '다양한 창조적 도구'에 주안을 둔 책이다.

관심 있는 사람은 웹 플랫폼 innovationstuntmen.com에서 우리의 작업을 어깨너머로 볼 수 있다. 그리고 언제나 당신의 방문을 환영한다!

슈테판 쉬르, 팀 투리악

INNOVATION STUDENTEN

YAWANOKWA
자신의 욕구를 움직여라

ARTHUR POTTS DAWSON
GEEKS OHNE GRENZEN HIGHTECH EIN NEUES AFRIKA WIE EIN BRITISCHER STARKOCH MIT DEN PEOPLES SUPERMARKET DAS PRINZIPKONSUM NEU ERFINDET

EIN ARCHITEKT ENTWICKELT INTELLIGENTE MATERIALIEN

FUR DAS BAUEN DER ZUKUNFT PROGRAMMABLE MATTER

ANDERS WILHENMSON
INDUSTRIDESIGN FUR DAS SCHWIERIGSTE UMFEELD DER WELT DIE SLUMS DER MEGASTADTE

FRANCIC KERE
DIE COMMUNITY ALS BAUSTOFF

SETH COOPER
WIE AUS LAIEN DIE FORSCHER VON MORGEN WERDEN

HOD LIPSON
WIE MAN DEN MASCHINENDAS LEBEN EINHAUCHT

KATIE SALEN
WER LEREN WILL MUSS SPIELEN ODER WIE MAN DIE TALENTE VON HEUTEFUR DIE WELT VON MORGEN FORMT

JENOVA CHEN
VOM GAMEDESIGNER ZUM GESTALTER VON EMOTIONEN

SKYLAR TIBBITS
INTELLIGENTE MATERIALIEN FUR DAS BAUEN DER ZUKUNFT PROGRAMMABLE MATTER

세상을 바꾸는 씨드

• 놀며, 즐기며 세상을 변화시킨 천재들의 프로젝트! •